中国生物质发电行业发展报告

China Biomass Power Generation Industry
Development Report 2022

水电水利规划设计总院 主编

图书在版编目（CIP）数据

2022 中国生物质发电行业发展报告 / 水电水利规划设计总院主编 . -- 北京：中国经济出版社，2023.7
ISBN 978-7-5136-7398-3

Ⅰ. ①2… Ⅱ. ①水… Ⅲ. ①生物能源–发电–产业发展–研究报告–中国–2022 Ⅳ. ① F426.61

中国国家版本馆 CIP 数据核字（2023）第 134741 号

审图号：GS 京（2023）1471 号

策划编辑	姜　静
责任编辑	郑　潇
责任印制	马小宾

出版发行	中国经济出版社
印　刷　者	北京富泰印刷有限责任公司
经　销　者	各地新华书店
开　　本	889mm×1194mm　1/16
印　　张	3.5
字　　数	80 千字
版　　次	2023 年 7 月第 1 版
印　　次	2023 年 7 月第 1 次
定　　价	198.00 元

广告经营许可证　京西工商广字第 8179 号

中国经济出版社　网址 www.economyph.com　社址 北京市东城区安定门外大街 58 号　邮编 100011
本版图书如存在印装质量问题，请与本社销售中心联系调换（联系电话：010-57512564）

版权所有　盗版必究（举报电话：010-57512600）
国家版权局反盗版举报中心（举报电话：12390）　服务热线：010-57512564

编委会
Editorial Board

主　　任　李　昇

副 主 任　易跃春

主　　编　赵增海

副 主 编　郭雁珩　宋述军

编 写 人 员　于雄飞　邱　辰　艾　琳　刘建东
　　　　　　　王　烨　田竹君　马　静　陈喜军
　　　　　　　郝　宇　于延龙　王　敏　曹　艳
　　　　　　　宋俞峰　李人杰　俞成旭　全　启

前言
Foreword

2022年是党的二十大召开之年，也是全面建设社会主义现代化国家、向第二个百年奋斗目标进军新征程的开局之年。党的二十大报告提出加快规划建设新型能源体系，积极稳妥推进碳达峰碳中和，为我国可再生能源高质量发展指明了方向。

生物质能是重要的可再生能源，具有资源来源广泛、利用方式多样、能源产品多元、综合效益显著等特点。生物质发电是生物质能开发利用的重要途径，发展生物质发电能够有效处理城乡有机废弃物，对于改善城乡人居环境、促进乡村振兴、助力碳达峰碳中和等方面具有重要意义。

2022年，中国生物质发电行业在国内经济下行、疫情反复等一系列因素的影响下依然保持了平稳增长，全年新增装机容量334万千瓦，累计装机容量达到4132万千瓦，同比增长8.8%；年发电量达到1824亿千瓦时，同比增长11.4%；生活垃圾焚烧发电继续作为主要增长引擎，其新增装机规模、新增发电量分别占生物质发电新增装机、新增发电量的77.2%、98.2%。

2022年，国家进一步加强政策支持和指导。在开发建设方面，进一步聚焦生物质能多元化开发，开展生物质发电项目建档立卡，加强县级地区生活垃圾焚烧发电项目建设；在财税金融方面，生物质发电项目继续享受税收优惠政策，通过开发性金融支持县域生活垃圾焚烧发电项目建设；在环境保护方面，进一步加强垃圾焚烧发电项目的运行环境监管，推动"无废城市"建设。

为全面反映 2022 年我国生物质发电行业发展情况，为政府决策、企业生产经营和社会发展提供有益参考，特编制《2022 中国生物质发电行业发展报告》。该报告共分为五篇，覆盖政策法规、开发应用、技术装备、形势与展望等多个方面，系统分析了 2022 年全国生物质发电行业政策环境、开发应用现状和技术装备发展情况，总结了 2022 年生物质发电行业在国内外能源形势、政策变化下，建设运营等方面的变化趋势，并结合新的发展阶段，对未来行业的发展前景进行了展望。

《2022 中国生物质发电行业发展报告》是生物质发电行业发展的综合性研究报告，由国家能源局指导、水电水利规划设计总院编写。该报告内容尚有不完善之处，恳请读者批评指正。

《2022 中国生物质发电行业发展报告》编写组

2023 年 6 月

目录
Content

1　综述 … 1
- 1.1　世界行业发展情况 … 2
- 1.2　政策环境 … 2
- 1.3　建设运行 … 3
- 1.4　技术装备 … 4
- 1.5　产业投资 … 4

2　政策法规篇 … 5
- 2.1　建设管理 … 6
- 2.2　财税金融 … 8
- 2.3　生态环保 … 9

3　开发应用篇 … 11
- 3.1　生物质资源 … 12
- 3.2　建设运行情况 … 15
- 3.3　区域发展情况 … 30
- 3.4　投资建设情况 … 35

4 技术装备篇　37

- 4.1 垃圾焚烧发电　38
- 4.2 农林生物质发电　38
- 4.3 生物质气化耦合燃煤发电　38

5 形势与展望篇　41

- 5.1 面临形势　42
- 5.2 发展展望　44

1 综述
Overview

1.1 世界行业发展情况

生物能源是全球最大的可再生能源，全球生物能年利用总量约为 45.6 艾焦耳，占全球终端能源消费总量的 13% 左右，其中超过 50% 为传统直接燃烧利用形式，供热、发电、生物燃料等现代商业化利用方式占比接近 1/2。在现代商业化利用方面，生物质能以建筑、工业供热为主，约占 71%；其次为交通燃料占 19%，发电利用占 10%。生物质发电类型包括农林生物质发电、生活垃圾焚烧发电和沼气发电，发电量所占比重分别为 70%、16% 和 14%。生物质发电技术成熟、清洁环保，得到全球各国的积极支持和推动，全球生物质发电装机规模稳步增长，由 2015 年的 9648 万千瓦增长到 2022 年的 1.5 亿千瓦，年均增长率 6.4%。2017 年以来，我国一直是最大的生物质发电国家，2022 年我国生物质发电装机规模 4132 万千瓦；其次为巴西和美国，装机规模分别为 1721 万千瓦和 1130 万千瓦。

1.2 政策环境

聚焦生物质能多元化开发。"十四五"时期稳步推进生物质能多元化开发，推进生物质能多元化利用，稳步发展城镇生活垃圾焚烧发电，有序发展农林生物质发电和沼气发电，因地制宜发展生物质能清洁供暖，在粮食主产区和畜禽养殖集中区统筹规划建设生物天然气工程，促进先进生物液体燃料产业化发展。

加强县级地区生活垃圾焚烧设施开发建设。针对东部、中西部县域提出分类施策加快提升生活垃圾焚烧处理设施能力，到 2030 年，全国县级地区生活垃圾分类和处理设施供给能力和水平进一步提高，小型生活垃圾焚烧处理设施技术、商业模式进一步成熟。除少数不具备条件的特殊区域外，全国县级地区生活垃圾焚烧处理能力基本满足处理需求。

推进开发性金融支持县域生活垃圾处理设施建设。由省级住房和城乡建设部门会同国家开发银行省（区、市）分行，指导县级住房和城乡建设部门梳理"十四五"时期县域生活垃圾处理设施建设项目，建立项目储备库。国家开发银行省（区、市）分行对纳入省级住房和城乡建设部门县域生活垃圾污水处理设施建设项目储备库内的项目开辟"绿色通道"，优先开展尽职调查，优先进行审查审批、优先安排贷款投放，优先给予利率优惠，对于符合条件的试点示范项目、乡村建设评价样本县的相关项目，贷款期限可延长至 30 年。

加强对垃圾焚烧场的环境监管。年产生危险废物100吨以上的企业、具有危险废物自行利用处置设施的企业、持有危险废物经营许可证的企业以及生活垃圾填埋场（含已封场的）或者生活垃圾焚烧厂的运营维护单位，可列为环境风险重点管控单位。

1.3 建设运行

装机规模稳步增长。2022年，我国生物质发电新增并网装机容量334万千瓦，累计装机容量达到4132万千瓦，同比增长8.8%。其中，农林生物质发电1623万千瓦、垃圾焚烧发电2386万千瓦、沼气发电122万千瓦。

新增装机主要分布在广东、黑龙江、辽宁、广西、河南和贵州。六省生物质发电年新增并网装机容量均超过20万千瓦，新增并网装机之和占全国生物质发电新增并网装机的55.7%。

发电量持续提升。2022年，生物质发电年发电量达到1824亿千瓦时，同比增长11.4%；占全部电源年总发电量的1.9%，同比降低0.1个百分点。其中，农林生物质发电年发电量为517亿千瓦时，同比增长0.2%；生活垃圾焚烧发电年发电量为1268亿千瓦时，同比增长16.9%；沼气发电年发电量为40亿千瓦时，同比增长5.4%。

年平均利用小时数下降。2022年，全国生物质发电年平均利用小时数4515小时，同比减少289小时。其中，农林生物质发电年平均利用小时数3199小时，同比减少433小时；生活垃圾焚烧发电年平均利用小时数5452小时，同比减少164小时；沼气发电年平均利用小时数3233小时，同比减少133小时。

在建项目以垃圾焚烧发电为主。截至2022年底，全国生物质发电累计在建容量420万千瓦。其中，垃圾焚烧发电247万千瓦，占比58.8%；农林生物质发电161万千瓦，占比38.4%；沼气发电12万千瓦，占比2.8%。

1.4 技术装备

垃圾焚烧余热锅炉技术不断进步。近年来，优质耐腐蚀材料应用于锅炉受热面，使锅炉寿命显著提高，中温次高压参数的应用显著增加，推动我国垃圾焚烧发电行业由中温中压、中温次高压参数向中温高压和超高压参数发展。

生物质直燃发电效率达到世界先进水平。中国科学院工程热物理研究所与济南锅炉集团有限公司设计制造的 130 吨/小时超高压再热生物质直燃循环流化床锅炉，首次在生物质锅炉上采用超高压、一次再热技术，机组发电效率达到世界先进水平。

生物质气化耦合燃煤发电技术持续探索示范。由合肥德博生物质能源科技有限公司牵头研制的"生物质循环流化床气化耦合燃煤发电技术装备"入围国家重大技术装备项目，我国生物质气化耦合燃煤发电技术在"双碳"背景下正从小型分散化向产业规模化方向发展。

1.5 产业投资

建设投资增幅显著下降，单位造价有所回落。2022 年，生物质发电总投资 580 亿元，同比下降 58.5%。在工程造价方面，2022 年生物质发电单位造价较 2021 年有所下降，一是受新冠肺炎疫情及上游地产行业投资放缓等因素影响，2022 年钢材、有色金属、水泥等主要工业生产资料价格同比有所回落；二是企业更加重视风险管理，投资更加谨慎，对工程造价的成本控制更加严格。

2 政策法规篇
Policies and Regulations

2.1 建设管理

1. 我国首部生物经济五年规划出台

2022年5月，国家发展改革委发布了《"十四五"生物经济发展规划》，这是我国生物经济领域的首个顶层设计。作为我国首部生物经济五年规划，该规划首次提出"生物经济"的概念，重点部署发展健康产业、生物农业、生物能源和生物环保四大生物经济支柱产业，到2025年，生物经济总量有望达到22万亿元。

在生物能源领域，规划提出"积极开发生物能源。有序发展生物质发电，推动向热电联产转型升级。开展新型生物质能技术研发与培育，推动生物燃料与生物化工融合发展，建立生物质燃烧掺混标准。优选和改良中高温厌氧发酵菌种，提高生物质厌氧处理工艺及厌氧发酵成套装备研制水平，加快生物天然气、纤维素乙醇、藻类生物燃料等关键技术研发和设备制造。积极推进先进生物燃料在市政、交通等重点领域替代推广应用，推动化石能源向绿色低碳可再生能源转型"。

2. "十四五"聚焦生物质能多元化开发

2022年3月，国家发展改革委、国家能源局印发《"十四五"现代能源体系规划》。2021年10月，国家发展改革委、国家能源局等九部门联合印发《关于印发"十四五"可再生能源发展规划的通知》。两部规划明确提出，稳步推进生物质能多元化开发，推进生物质能多元化利用，稳步发展城镇生活垃圾焚烧发电，有序发展农林生物质发电和沼气发电，因地制宜发展生物质能清洁供暖，在粮食主产区和畜禽养殖集中区统筹规划建设生物天然气工程，促进先进生物液体燃料产业化发展。

针对生物质发电领域，规划提出优化生物质发电开发布局，稳步发展城镇生活垃圾焚烧发电，有序发展农林生物质发电和沼气发电，探索生物质发电与碳捕集、利用与封存相结合的发展潜力和示范研究。有序发展生物质热电联产，因地制宜加快生物质发电向热电联产转型升级，为具备资源条件的县城、人口集中的乡村提供民用供暖，为中小工业园区集中供热。开展生物质发电市场化示范，完善区域垃圾焚烧处理收费制度，还原生物质发电环境价值。

3 开展可再生能源发电项目建档立卡工作

为全面准确掌握全国可再生能源发电项目的数量和规模等情况，进一步加强行业精细化管理和服务，支撑绿色电力证书核发和交易、新增可再生能源发电消费不纳入能源消费总量控制认定等工作，国家能源局组织对全国并网在运的发电项目建档立卡，建立全国可再生能源发电项目库。

建档立卡对象包括风电、太阳能发电、常规水电、抽水蓄能和生物质发电项目。各省级能源主管部门组织项目业主依托国家可再生能源项目信息管理平台填报项目信息并对信息进行审核确认，电网企业负责组织本经营区内项目的建档立卡工作，国家可再生能源信息管理中心对全国可再生能源发电项目信息进行统一归集管理，按月报送国家能源局。

4 加强县级地区生活垃圾焚烧设施开发建设

2022年5月，中共中央办公厅、国务院办公厅印发《关于推进以县城为重要载体的城镇化建设的意见》，明确了以县城为重要载体的城镇化建设的目标和具体任务，并且第二十九条明确提出："建设与清运量相适应的垃圾焚烧设施，做好全流程恶臭防治。合理布局危险废弃物收集和集中利用处置设施。"

2022年7月，住房和城乡建设部联合国家发展改革委发布实施《"十四五"全国城市基础设施建设规划》。该规划提出推动城乡垃圾集中处置，推进以县城为重要载体的城镇化建设，有条件的地区按照小城市标准建设县城，加快县城基础设施补短板强弱项。

2022年11月，国家发展改革委、住房和城乡建设部等五部门专门出台《关于加强县级地区生活垃圾焚烧处理设施建设指导意见》，针对东部、中西部县域提出分类施策加快提升生活垃圾焚烧处理设施能力，提出到2030年，全国县级地区生活垃圾分类和处理设施供给能力和水平进一步提高，小型生活垃圾焚烧处理设施技术、商业模式进一步成熟。除少数不具备条件的特殊区域外，全国县级地区生活垃圾焚烧处理能力基本满足处理需求。

5. 因地制宜推广污泥和生活垃圾焚烧协同处置

2022年7月，住房和城乡建设部联合国家发展改革委发布实施《"十四五"全国城市基础设施建设规划》，针对污泥资源化利用，提出在土地资源紧缺的大中型城市鼓励采用"生物质利用+焚烧"处置模式，将垃圾焚烧发电厂、燃煤电厂、水泥窑等协同处置方式作为污泥处置的补充，推广将生活污泥焚烧灰渣作为建材原料加以利用。2022年9月，国家发展改革委、住房和城乡建设部、生态环境部联合印发《污泥无害化处理和资源化利用实施方案》，明确提出有效利用本地垃圾焚烧厂、火力发电厂、水泥窑等窑炉处理能力，协同焚烧处置污泥。污泥焚烧处置企业污染物排放不符合管控要求的，需开展污染治理。

2.2 财税金融

1. 生物质发电项目继续享受税收优惠政策

在增值税方面，继续执行《关于资源综合利用及其他产品增值税政策的通知》有关优惠政策，即垃圾焚烧发电、农林生物质发电和沼气发电享受增值税即征即退优惠政策。在所得税方面，根据《中华人民共和国企业所得税法实施条例》（国务院令第512号）中"企业以《资源综合利用企业所得税优惠目录》中所列资源为主要原材料，在计算应纳税所得额时，减按90%计入当年收入总额"，生物质发电可享受收入减计10%的所得税优惠。

2. 存量补贴发放预期加快

2022年3月，财政部发布2022年中央和地方预算草案，首提解决可再生能源补贴资金缺口。同月，国家发展改革委、国家能源局及财政部通知要求电网和发电企业开展可再生能源发电补贴核查。11月，国网和南网公示第一批可再生能源发电补贴核查确认的合规项目清单，其中生物质发电项目874个。存量补贴合规性审核工作推进，存量补贴发放有望提速。

3 推进开发性金融支持县域生活垃圾处理设施建设

2022年6月，住房和城乡建设部、国家开发银行印发《关于推进开发性金融支持县域生活垃圾污水处理设施建设的通知》（建村〔2022〕52号）。该通知明确了重点支持内容包括县城生活垃圾焚烧处理等设施，并由省级住房和城乡建设部门会同国家开发银行省（区、市）分行，指导县级住房和城乡建设部门梳理"十四五"时期县域生活垃圾处理设施建设项目，建立项目储备库。国家开发银行省（区、市）分行对纳入省级住房和城乡建设部门县域生活垃圾污水处理设施建设项目储备库内的项目开辟"绿色通道"，优先开展尽职调查，优先进行审查审批，优先安排贷款投放，优先给予利率优惠，对于符合条件的试点示范项目、乡村建设评价样本县的相关项目，贷款期限可延长至30年。

4 山东省发布 2023 年生物质发电电价补贴标准

2022年10月，山东省发展改革委印发《关于2023年生物质发电电价补贴有关事项的通知》（鲁发改价格〔2022〕1028号）。一是对于国补到期生物质发电项目，农林生物质发电项目补贴标准调整为每千瓦时0.25元（含税，下同），生物天然气（畜禽粪便、秸秆，下同）发电项目补贴标准继续按照每千瓦时0.1991元标准执行。二是对于污泥耦合发电项目，燃煤发电、垃圾焚烧发电项目处置生活污泥的，污泥电价补贴标准调整为每吨50元。三是对于生物天然气发电项目，生物天然气项目上网电价每千瓦时补贴0.156元，国补到期项目继续按照每千瓦时0.1991元标准执行。

2.3 生态环保

1 垃圾焚烧场被列为环境监管重点单位

2022年11月，生态环境部公布《环境监管重点单位名录管理办法》，于2023年1月1日起实施。该办法明确了水环境、地下水污染防治、大气环境、噪声等重点排污单位的认定条件，及可以列为环境风险重点管控单位的认定条件等内容。在生活垃圾、危险废物等领域，该办法规定：涉及填埋处置的危险废物处置场的运营、管理单位，以及日处理能力500吨以上的生活垃圾填埋场的运营、管理单位，应列为地下水污染防治重点排污单位；年产生危险废物 100 吨以上的企业、具有危险废物自行利用处置设施的企业、持有危险废物经营许可证的企业以及生活垃圾填埋场（含已封场的）或者生活垃圾焚烧厂的运营维护单位，可列为环境风险重点管控单位。

2 多省（区、市）开展"无废城市"建设

2022 年 4 月，生态环境部发布了"十四五"时期"无废城市"建设名单，名单中的城市由"十三五"时期的十几个增加到了 100 个。目前，已有山东、浙江、河北、河南、西藏、上海等省（区、市）发布"十四五"时期"无废城市"建设工作方案或征求意见稿，积极推动"无废城市"固体废物治理体系和治理能力建设，提升固废综合利用水平和无害化处置能力，有效降低了固体废物产生强度。

3 开发应用篇
Development and Application

3.1 生物质资源

生物质是指通过光合作用而形成的各种有机体,广义上包括所有的植物、微生物以及以植物、微生物为食物的动物及其生产的废弃物;狭义上主要是指农林业生产过程中除粮食、果实以外的秸秆、树木等木质纤维素,农产品加工业下脚料,农林废弃物及畜牧业生产过程中的禽畜粪便和废弃物等物质。目前,所利用的生物质资源主要包括农作物秸秆、林业剩余物、生活垃圾(含餐厨垃圾)、畜禽养殖粪污和其他有机废弃物等。我国生物质资源丰富,总量约 45.3 亿吨,其中,农作物秸秆总量约 7.9 亿吨、畜禽养殖粪污约 30.5 亿吨、林业剩余物约 3.4 亿吨、生活垃圾约 3.0 亿吨、其他有机废弃物约 0.5 亿吨。生物质资源占比估算见图 3-1。

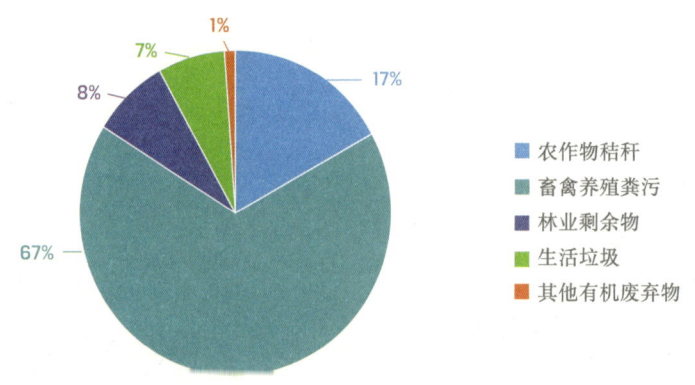

图 3-1 生物质资源占比估算

在地域分布上,生物质资源主要集中在中东南部地区,按照单位面积生物质能折合标准煤量分析,农林生物质在河南、山东、吉林等农业大省资源密度较高,生活垃圾在上海、北京、广东、江苏、浙江等发达地区和人口大省(市)资源密度较高。农林生物质资源密度与分布见图 3-2。生活垃圾和餐厨垃圾资源密度与分布见图 3-3。

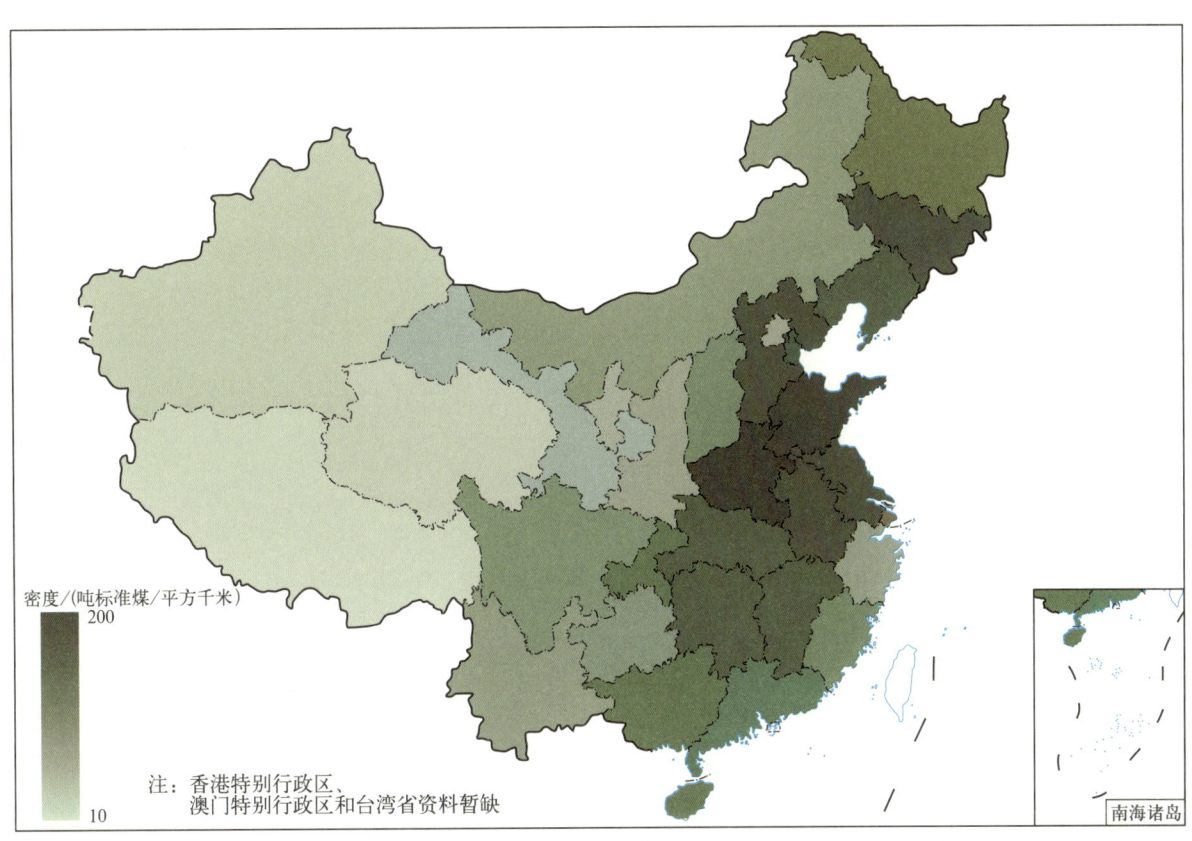

图 3-2　农林生物质资源密度与分布

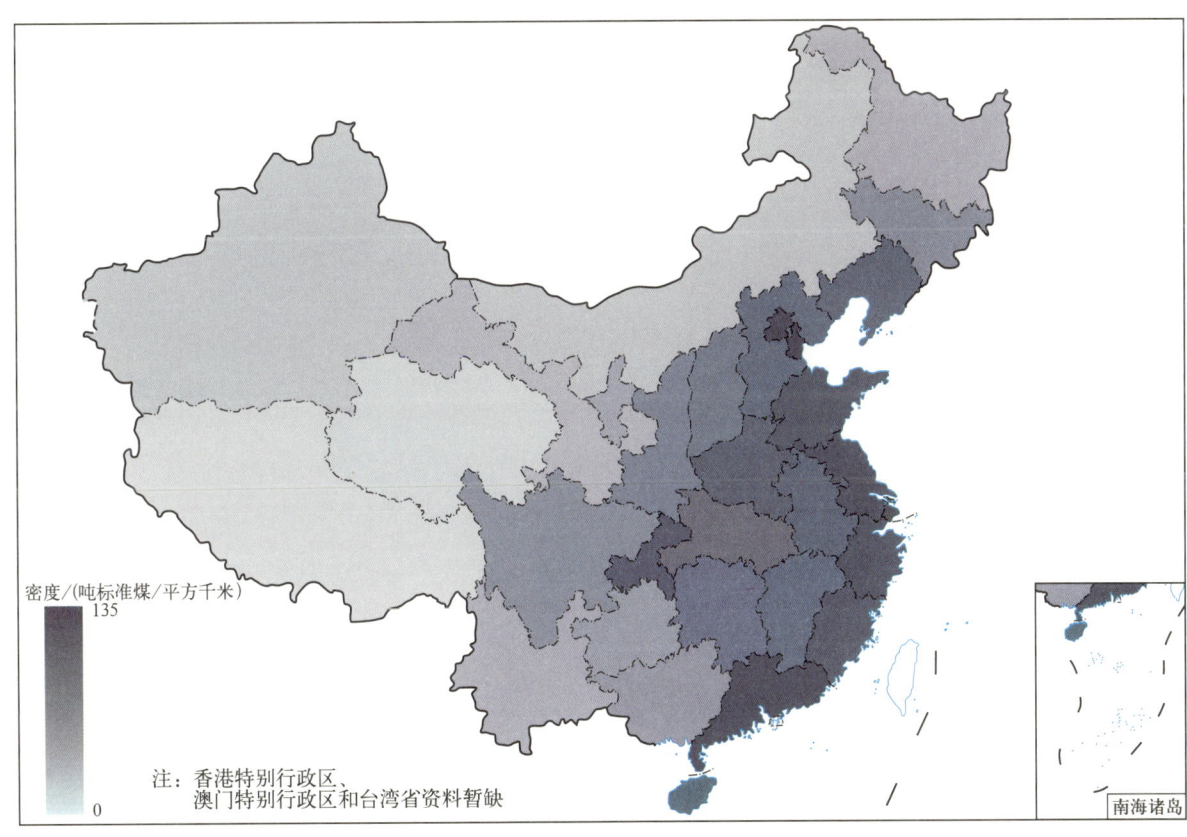

图 3-3　生活垃圾和餐厨垃圾资源密度与分布

资源开发利用情况。根据生物质资源总量、开发转化利用后的能源特性，中国生物质能总量约 6.3 亿吨标准煤，其中农作物秸秆约 3.6 亿吨标准煤，林业剩余物约 1.7 亿吨标准煤，畜禽养殖粪污等低热值生物质资源经转化加工后可产生的燃气折合标准煤约 0.5 亿吨，生活垃圾折合标准煤 0.5 亿吨。生物质能总量构成见图 3-4。

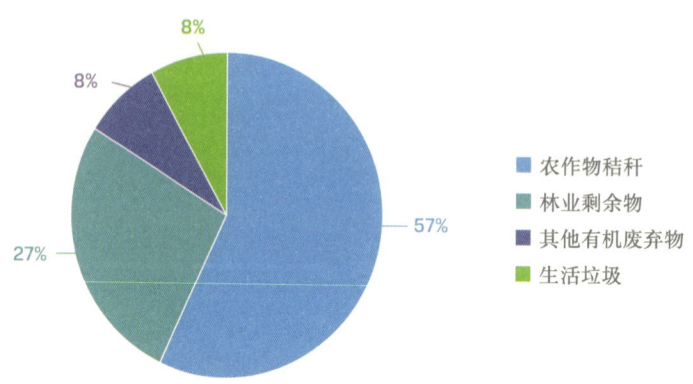

图 3-4　生物质能总量构成

注：其他有机废弃物包括畜禽养殖粪污、餐厨垃圾等低热值生物质资源经转化加工后可产生的燃气和液体燃料等折合的标准煤量。

2022 年，中国生物质能商业化开发利用规模约 6302 万吨标准煤，约占生物质能总量的 10.0%，其中，发电利用折合标准煤约 4616 万吨，占已开发量的 73.2%；气体燃料（生物天然气）折合标准煤约 30 万吨，占已开发量的 0.5%；固体燃料利用折合标准煤约 1200 万吨，占已开发量的 19.0%；液体燃料利用折合标准煤约 456 万吨，占已开发量的 7.2%。生物质能已开发利用量构成见图 3-5。

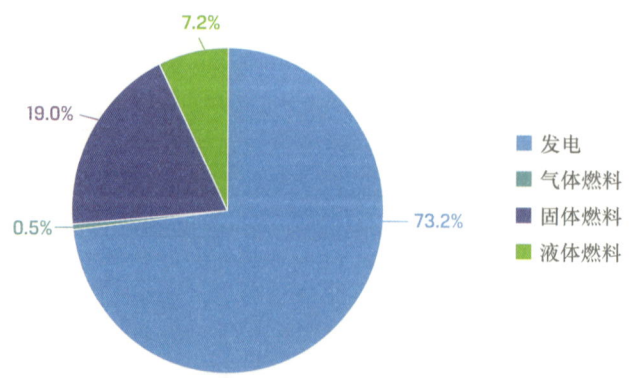

图 3-5　生物质能已开发利用量构成

3.2 建设运行情况

1 总体情况

(1) 并网情况

新增装机规模同比显著下降。2022年，我国生物质发电新增装机规模334万千瓦，同比下降约58.7%。其中，农林生物质发电新增装机容量65万千瓦，较上年新增装机规模下降69.8%；垃圾焚烧发电新增装机容量257万千瓦，较上年新增装机规模下降55.7%；沼气发电新增装机容量12万千瓦，与上年新增装机规模基本持平。

2017—2022年生物质发电新增并网装机容量变化趋势见图3-6。

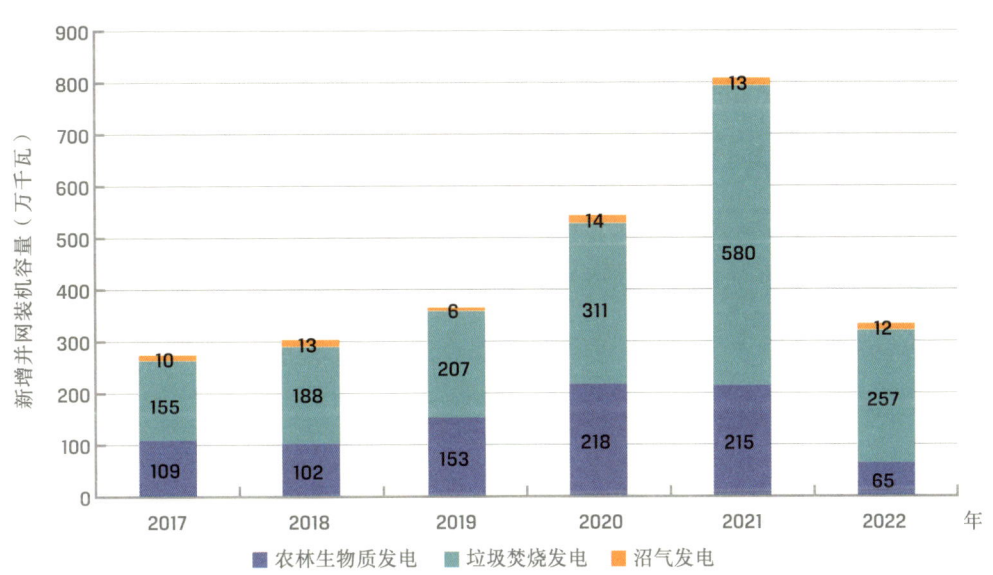

图3-6 2017—2022年生物质发电新增并网装机容量变化趋势

分省（区、市）来看，2022年生物质发电新增并网装机主要分布在广东、黑龙江、辽宁、广西、河南和贵州，年新增并网装机容量均不低于20万千瓦，六省生物质发电新增并网装机之和占全国生物质发电新增并网装机的55.7%（见图3-7）。

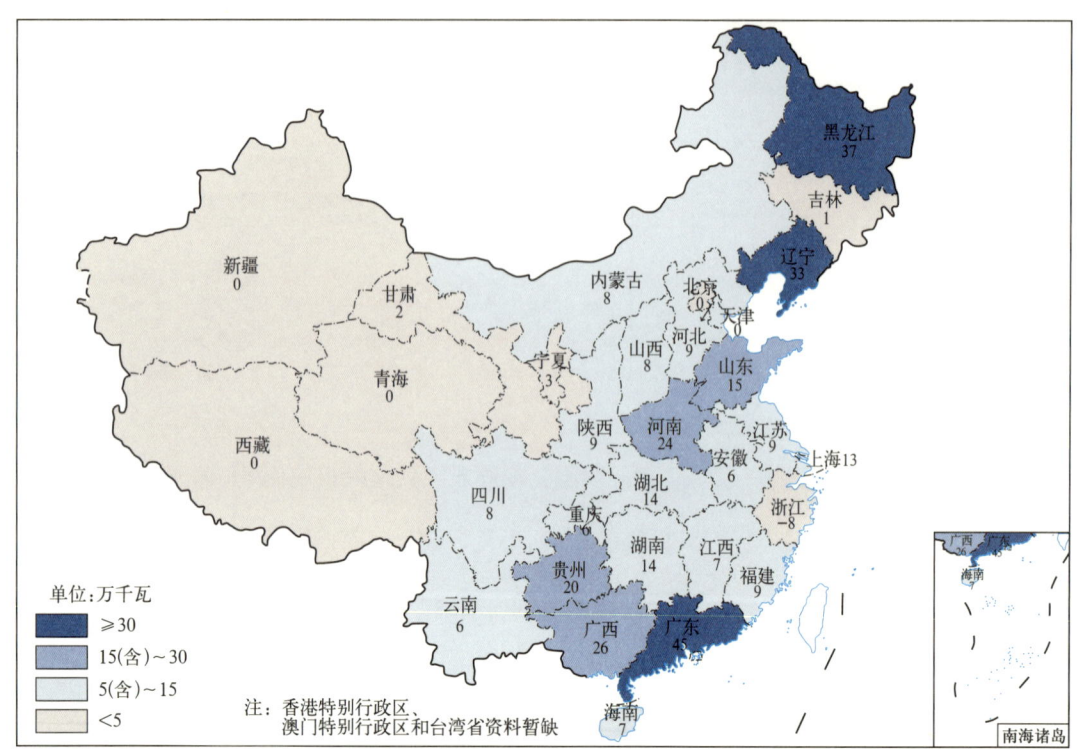

图 3-7　2022 年生物质发电新增并网装机分布

累计装机持续增长。 截至 2022 年底，全国生物质发电累计并网装机容量达到 4132 万千瓦，同比增长 8.8%。其中，农林生物质发电 1623 万千瓦，同比增长约 4.1%；垃圾焚烧发电 2386 万千瓦，同比增长约 12.1%；沼气发电 122 万千瓦，同比增长约 10.4%。生物质发电累计并网装机约占全部电源总装机的 1.9%，同比降低 0.1 个百分点。中国生物质发电累计并网装机已连续 5 年居全球第一位。

2017—2022 年生物质发电累计并网装机容量变化趋势见图 3-8。

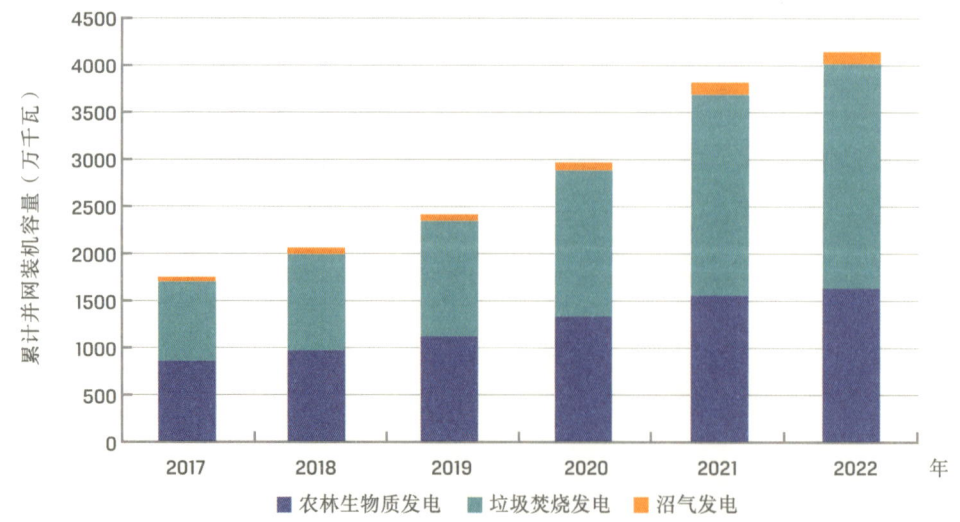

图 3-8　2017—2022 年生物质发电累计并网装机容量变化趋势

分省（区、市）来看，生物质发电累计并网装机排名前五的省分别是广东、山东、江苏、浙江和黑龙江，累计并网装机容量均不低于260万千瓦，五省累计装机规模为1674万千瓦，占全国生物质发电累计并网装机的40.5%。2022年生物质发电累计并网装机分布见图3-9。

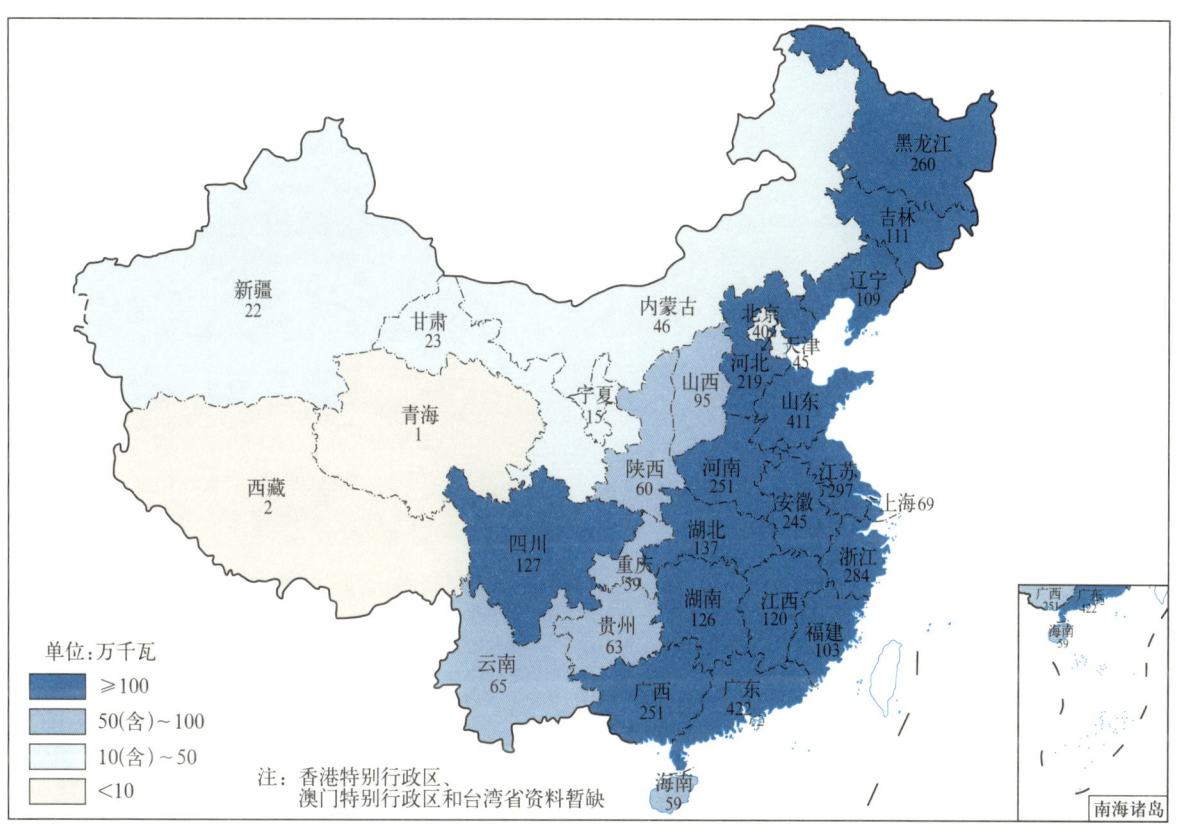

图3-9 2022年生物质发电累计并网装机分布

在热电联产转型升级方面，2022年底，热电联产项目装机占累计生物质发电装机的33.6%，其中，农林生物质热电联产项目装机占比约27.5%、垃圾焚烧热电联产项目装机占比约5.8%、沼气热电联产项目装机占比约0.3%。生物质热电联产项目主要分布在黑龙江、山东和河南等农业大省，三省热电联产项目装机占农林生物质发电联产项目总装机的62.3%。

（2）在建情况

在建项目以垃圾焚烧发电为主。 截至2022年底，全国生物质发电累计在建容量420万千瓦。其中，垃圾焚烧发电247万千瓦，占比58.8%；农林生物质发电161万千瓦，占比38.4%；沼气发电

12万千瓦，占比2.8%。分省（区、市）来看，除天津、西藏、海南、上海、新疆生产建设兵团无在建项目外，其余各省（区、市）均有在建项目。在建项目主要集中在黑龙江、吉林和湖北，在建容量均超过30万千瓦，三省在建容量之和占全国生物质发电累计在建容量的31.6%；江苏、山东、河南、广东为第二梯队，在建容量均超过20万千瓦，四省在建容量之和占全国生物质发电累计在建容量的24.7%；内蒙古、北京、陕西、河北、山西、湖南、四川和辽宁为第三梯队，在建容量均在10万千瓦以上，八省（区、市）在建容量之和占全国生物质发电累计在建容量的30.0%。截至2022年底生物质发电在建容量分布情况见图3-10。

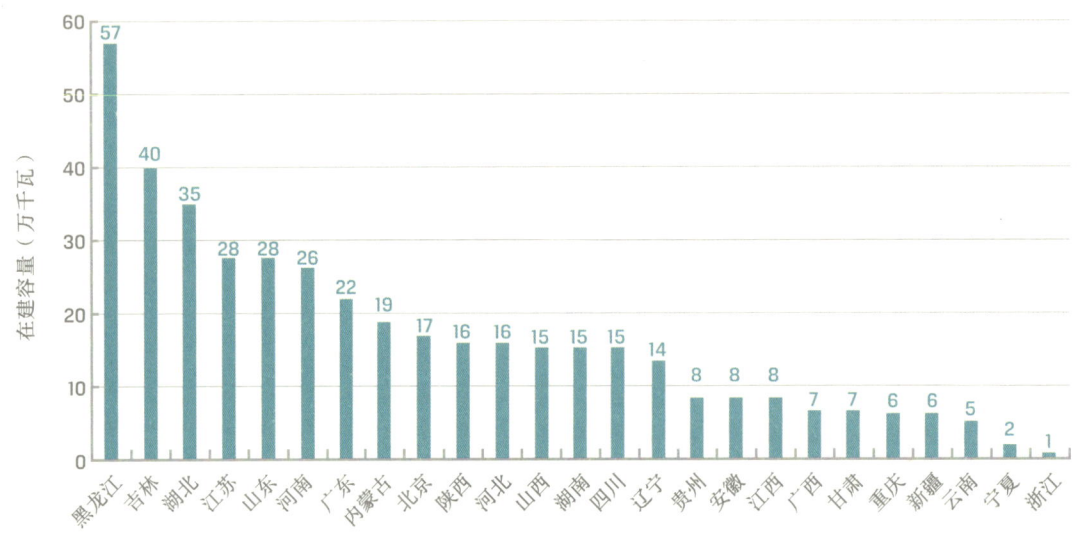

图3-10　截至2022年底生物质发电在建容量分布情况

（3）运行情况

发电量持续提升。2022年，全国生物质发电年发电量达到1824亿千瓦时，同比增长约11.4%；占总发电量比重达到2.2%，同比增加0.2个百分点。其中，农林生物质发电年发电量达到517亿千瓦时，同比增长约0.2%；垃圾焚烧发电年发电量达到1268亿千瓦时，同比增长约16.9%；沼气发电年发电量达到40亿千瓦时，同比增长约5.4%。

2017—2022年各类型生物质发电年发电量变化趋势和生物质发电量在全国总发电量中的占比情况见图3-11和图3-12。

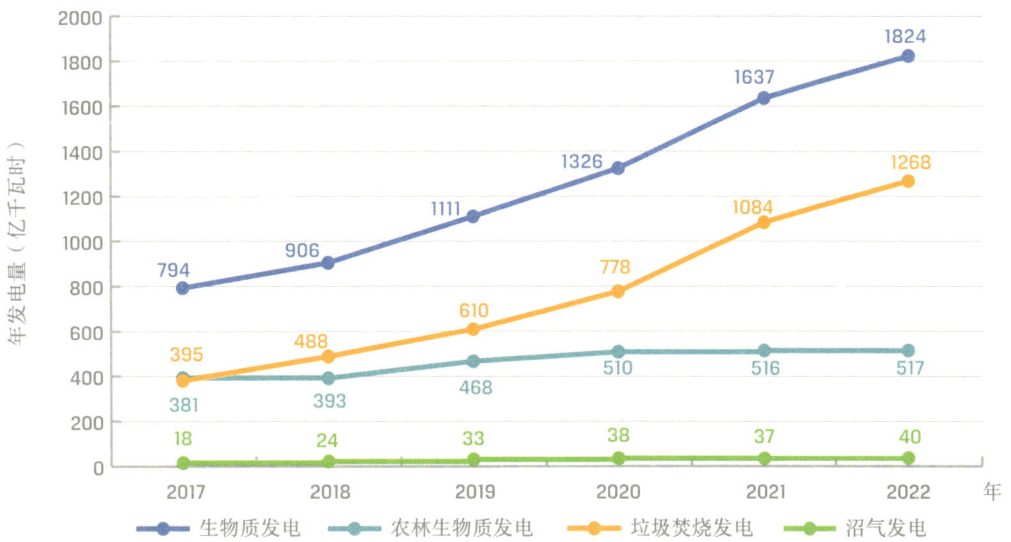

图3-11　2017—2022年各类型生物质发电年发电量变化趋势

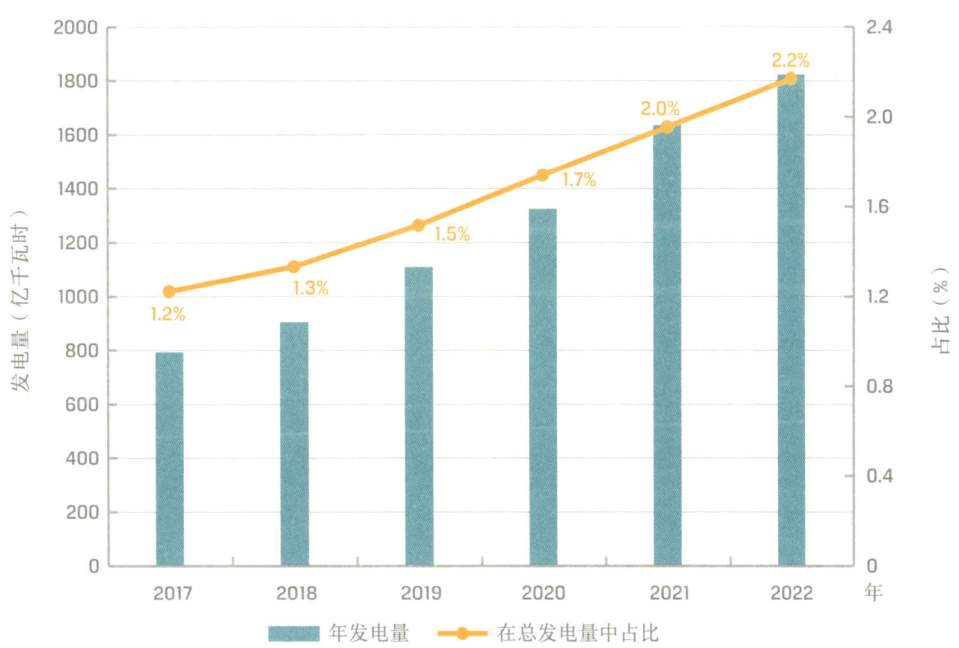

图3-12　2017—2022年生物质发电量在全国总发电量中的占比情况

年发电利用小时数有所下降。2022年，全国生物质发电年平均利用小时数4515小时，同比减少289小时。其中，农林生物质发电年平均利用小时数3199小时，同比减少433小时；垃圾焚烧发电年平均利用小时数5452小时，同比减少164小时；沼气发电年平均利用小时数3233小时，同比减少133小时。生物质发电年平均利用小时数下降主要原因：一是生物质原料市场竞争激烈，部分项目因原料供应紧缺致开工率不足或停机；二是部分地区垃圾焚烧项目超前规划建设以及垃圾清运能力不足，导致部分项目焚烧处理利用率降低。2017—2022年生物质发电年平均利用小时数变化情况见图3-13。

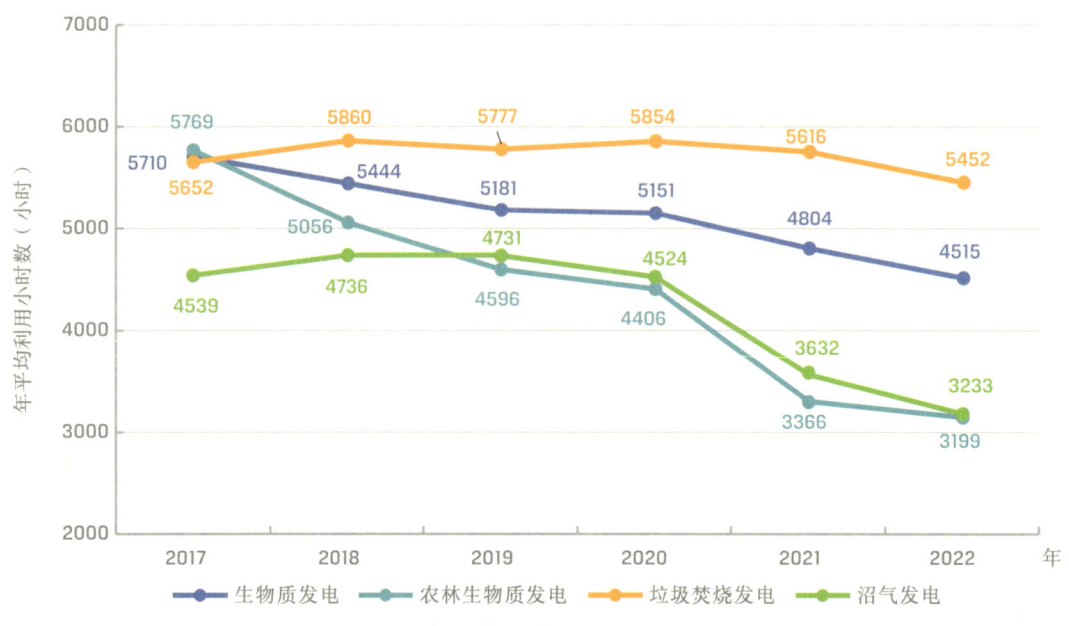

图3-13　2017—2022年生物质发电年平均利用小时数变化情况

2　农林生物质发电情况

（1）并网情况

农林生物质发电装机规模稳步增长。2022年，全国农林生物质发电新增并网装机容量65万千瓦，与上年新增装机量相比有大幅下降。截至2022年底，全国农林生物质发电累计并网装机容量1623万千瓦，同比增长4.1%。受项目投资成本高、原料收储运成本高等因素影响，农林生物质发电累计并网装机在生物质发电总装机中的比重逐年下降，占比由2017年的48.9%降低到2022年的39.3%，下降约10个百分点。

2017—2022年农林生物质发电并网容量变化趋势见图3-14。

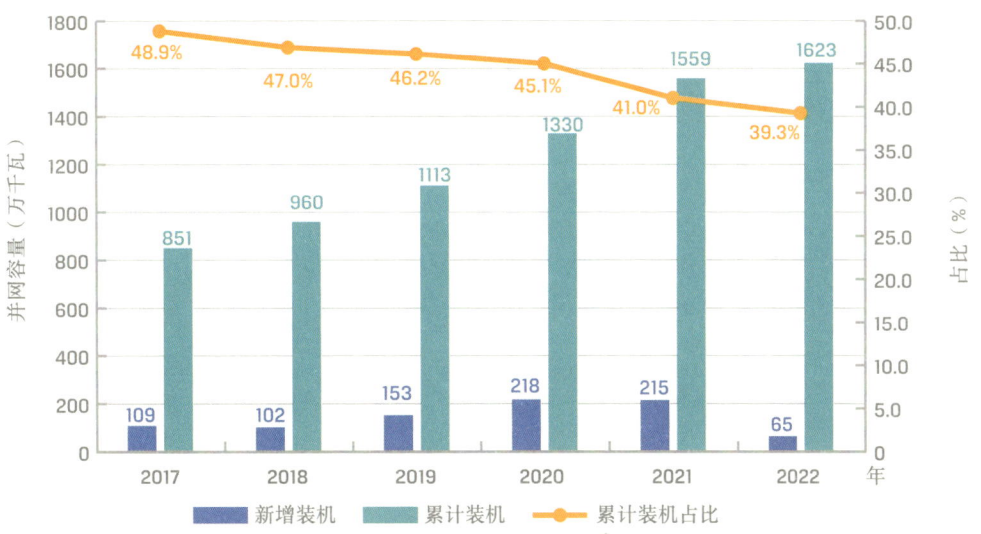

图 3-14　2017—2022 年农林生物质发电并网容量变化趋势

分省（区、市）来看，农林生物质发电新增并网装机主要分布在黑龙江、辽宁，新增并网装机容量均超过 15 万千瓦，新增并网装机之和占全国农林生物质发电新增并网装机的 71.1%。农林生物质发电累计并网装机规模排名前五的省份分别为黑龙江、山东、广西、安徽、河南，累计并网装机容量均超过 120 万千瓦，五省累计并网装机之和占全国的 54.4%。总体来看，农林生物质发电项目主要集中在农作物丰富的华北、东北、华中和华东地区。2022 年主要省份农林生物质发电新增并网装机情况和累计并网装机情况见图 3-15 和图 3-16。

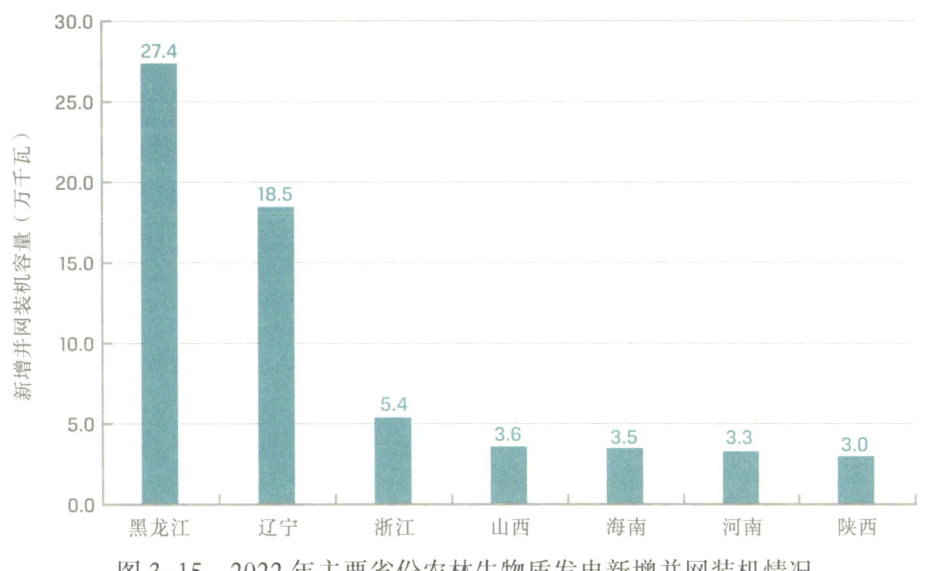

图 3-15　2022 年主要省份农林生物质发电新增并网装机情况

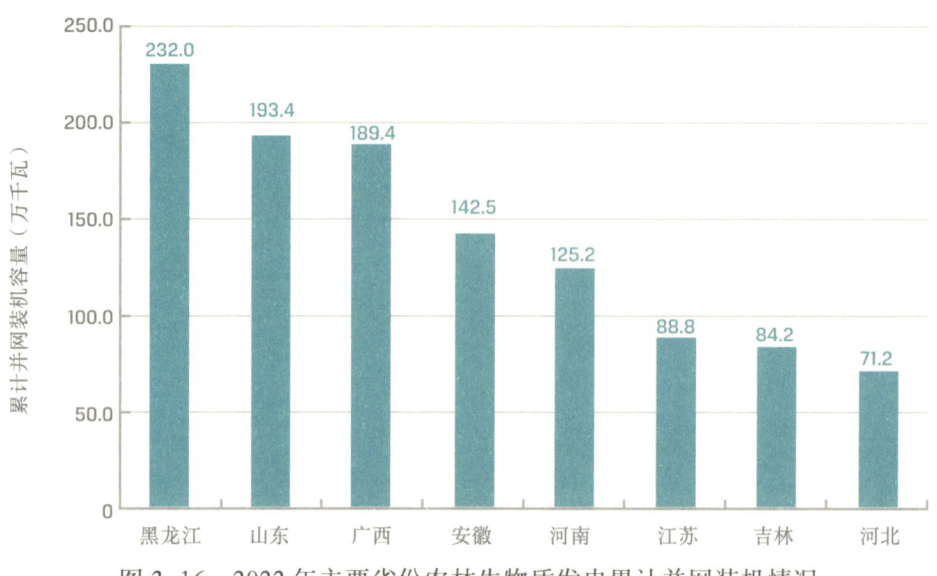

图 3-16　2022 年主要省份农林生物质发电累计并网装机情况

（2）在建情况

农林生物质发电在建项目主要集中在农林资源丰富的东北三省。截至 2022 年底，全国农林生物质发电在建容量 161 万千瓦，主要分布在黑龙江、吉林、山东、内蒙古和河北，五省（区）在建容量均超过 10 万千瓦，五省（区）在建容量之和占全国农林生物质发电在建容量的 74.1%。其中，得益于丰富的农林资源条件，黑龙江、吉林、山东三省农林生物质发电在建容量最多，在建容量之和占全国农林生物质发电在建容量的 60.6%。截至 2022 年底农林生物质发电在建容量分布见图 3-17。

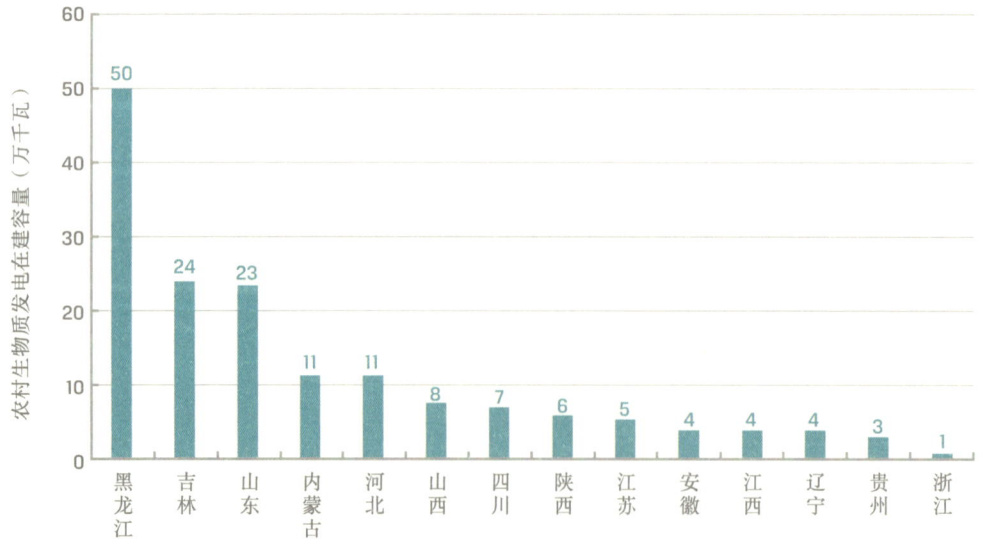

图 3-17　截至 2022 年底农林生物质发电在建容量分布

(3) 运行情况

农林生物质年发电量占比逐年下降。2022年，全国农林生物质发电量517亿千瓦时，与上年基本持平，占全国生物质总发电量的28.3%，下降约3.2个百分点。总体来看，农林生物质发电量在生物质总发电量中的比重逐年下降，占比由2017年的49.7%下降到2022年的28.3%。2017—2022年农林生物质发电年发电量变化情况见图3-18。

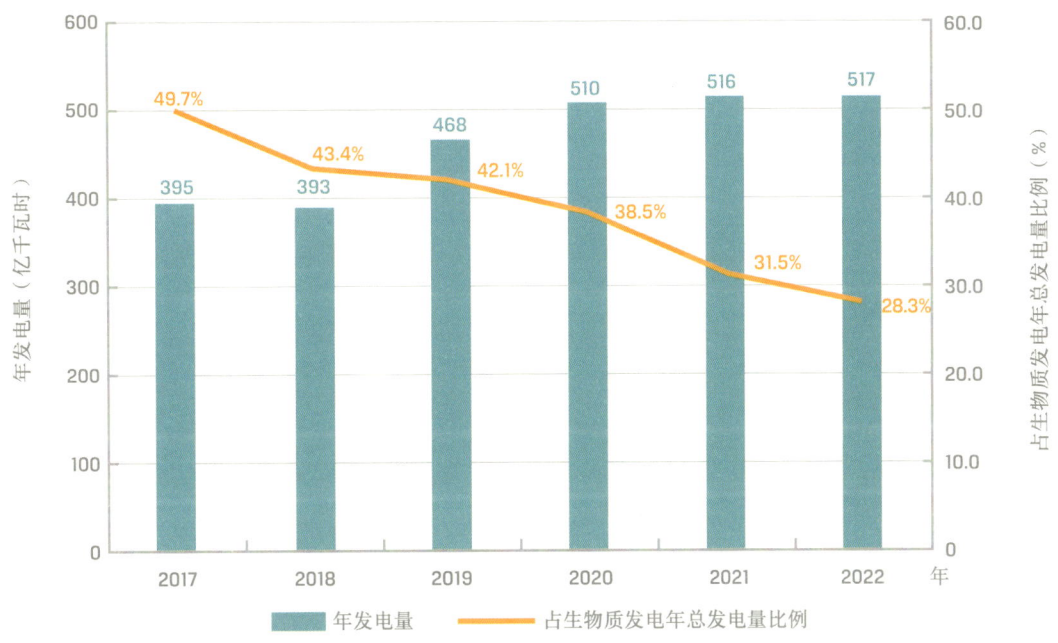

图3-18　2017—2022年农林生物质发电年发电量变化情况

农林生物质发电年平均利用小时数持续下降。2022年，全国农林生物质发电年平均利用小时数3199小时，同比降低433小时，已经连续6年下降。农林生物质原料收集困难、成本高，以及部分项目经营不善导致停产等多种影响因素，拉低了农林生物质发电年利用小时数整体水平。分省（区、市）来看，全国有陕西、宁夏、江西、河南、山西、湖北、新疆、安徽、四川和贵州10个省（区）年平均利用小时数同比有所提高，15个省（区、市）年平均利用小时数有所下降。

3 垃圾焚烧发电情况

(1) 并网情况

垃圾焚烧发电规模占生物质发电规模的比重持续提升。2022年，全国垃圾焚烧发电新增并网装机容量257万千瓦，较上年新增装机量降低55.7%。截至2022年底，全国垃圾焚烧发电累计并网装机容量2386万千瓦，同比增长12.1%。垃圾焚烧发电累计并网装机容量占生物质发电总并网容量的比例持续提升，从2017年的48.5%提高至2022年的57.7%，同比提高约9个百分点（见图3-19）。

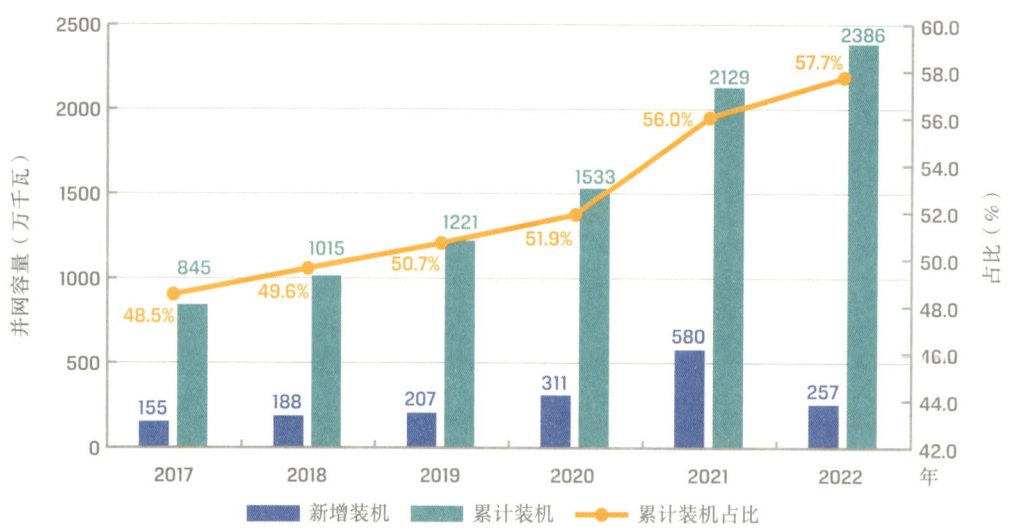

图3-19　2017—2022年垃圾焚烧发电并网容量变化趋势

分省（区、市）来看，垃圾焚烧发电项目主要分布在常住人口较多和经济较为发达的中东南部地区。新增并网装机较多的省份主要为广东、广西、河南和贵州，新增并网装机容量均超过20万千瓦，四省新增并网装机之和占全国垃圾焚烧发电新增并网装机的43.0%。累计并网装机较多的省份为广东、浙江、山东、江苏、河北、河南和四川，累计并网装机容量均超过100万千瓦，七省累计并网装机之和占全国垃圾焚烧发电累计并网装机的57.0%。2022年主要省份垃圾焚烧发电新增并网装机和累计并网装机情况见图3-20和图3-21。

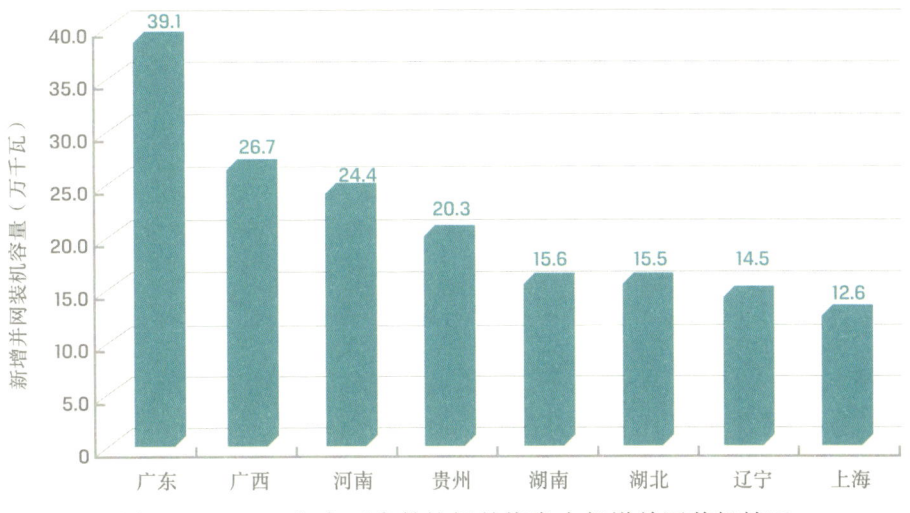

图 3-20　2022 年主要省份垃圾焚烧发电新增并网装机情况

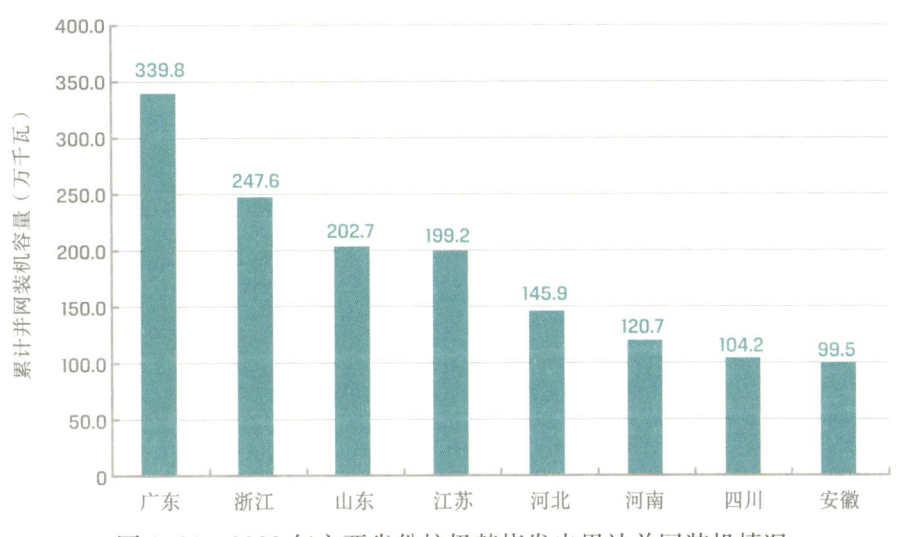

图 3-21　2022 年主要省份垃圾焚烧发电累计并网装机情况

（2）在建情况

垃圾焚烧发电主要集中在人口大省。截至 2022 年底，全国垃圾焚烧发电在建容量 247 万千瓦。从省（区、市）分布来看，25 个省（区、市）有在建项目。其中，湖北、河南和江苏在建容量均超过 20 万千瓦，三省在建容量之和占全国垃圾焚烧发电在建容量的 33.4%。在垃圾焚烧发电行业发展过程中，各省（区、市）垃圾焚烧发电项目的建设推进情况受其自身财政状况、垃圾资源量、市场饱和程度、垃圾收运体系建设等因素影响而有所不同。江苏、湖北和河南等省人口众多，生活垃圾资源丰富，随着环卫收运体系的进一步健全以及垃圾清运量的逐步提升，其垃圾焚烧发电项目市场空间较为广阔。截至 2022 年底垃圾焚烧发电在建容量分布情况见图 3-22。

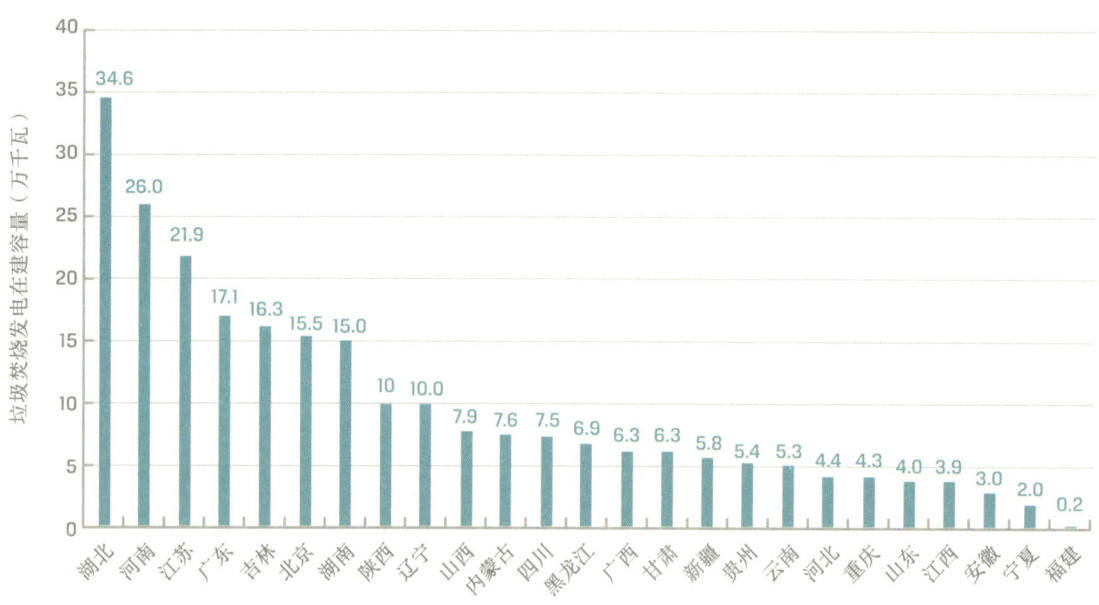

图 3-22　截至 2022 年底垃圾焚烧发电在建容量分布情况

（3）运行情况

垃圾焚烧发电量占生物质发电量比重逐年提升。2022 年，全国垃圾焚烧发电年发电量 1268 亿千瓦时，同比增长 16.9%。得益于各省垃圾焚烧发电中长期规划等政策的推动，垃圾焚烧发电并网装机不断增加，垃圾焚烧年发电量在生物质总发电量中的占比逐年提升，2022 年达到 69.5%，较 2017 年提高 21.5 个百分点。2017—2022 年垃圾焚烧发电年发电量变化情况见图 3-23。

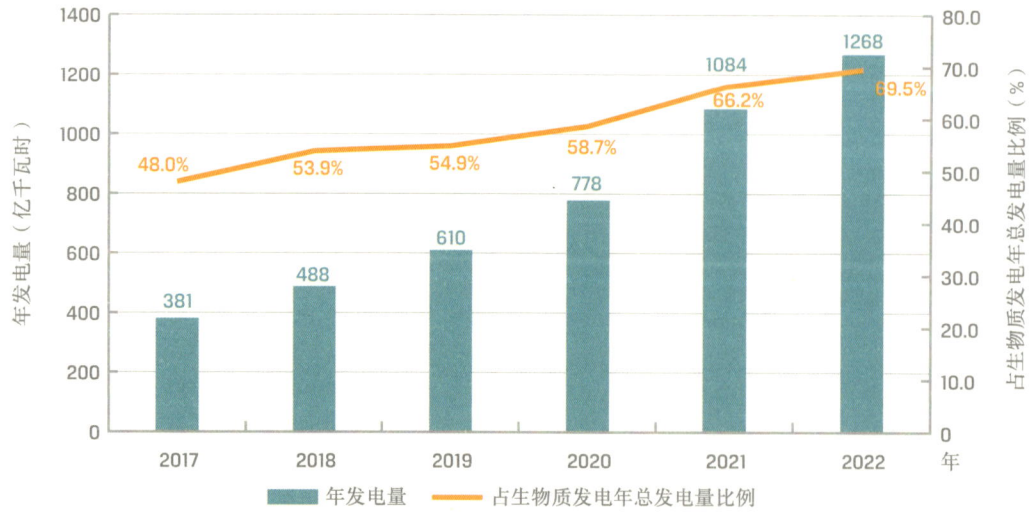

图 3-23　2017—2022 年垃圾焚烧发电年发电量变化情况

垃圾焚烧发电年平均利用小时数略有下降。近年来，全国生活垃圾清运量和无害化处理率不断增长，垃圾焚烧发电项目利用水平较高。2022年，全国垃圾焚烧发电年平均利用小时数5452小时，同比减少164小时。其中，北京年平均利用小时数超过7000小时，排全国首位；其次为湖南、四川、宁夏，年平均利用小时数均在6500小时以上。

4 沼气发电情况

(1) 并网情况

沼气发电装机容量稳步增长。2022年，全国沼气发电新增并网装机容量12万千瓦。截至2022年底，全国沼气发电累计并网装机容量122万千瓦，同比增长10.8%。总体来看，目前全国沼气发电项目规模增长较为稳定。2017—2022年沼气发电并网容量变化趋势见图3-24。

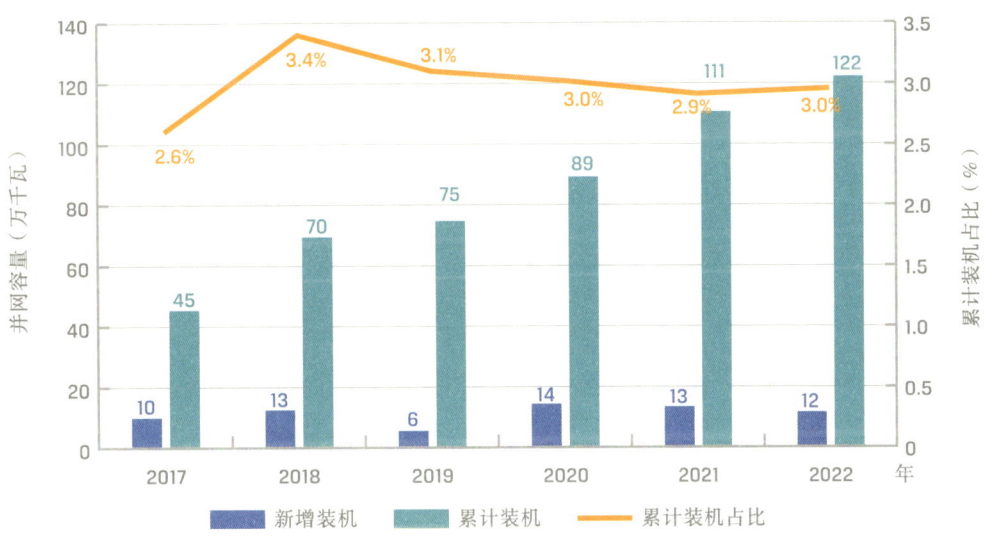

图3-24　2017—2022年沼气发电并网容量变化趋势

分省（区、市）来看，沼气发电新增并网装机主要分布在广东和山东，新增并网装机容量均超过3万千瓦，两省新增并网装机占全国沼气发电新增并网装机的86.6%。累计并网装机容量超过8万千瓦的省份为广东、山东、江苏和湖南，四省累计装机之和占全国沼气发电累计并网装机的52.6%（见图3-25和图3-26）。

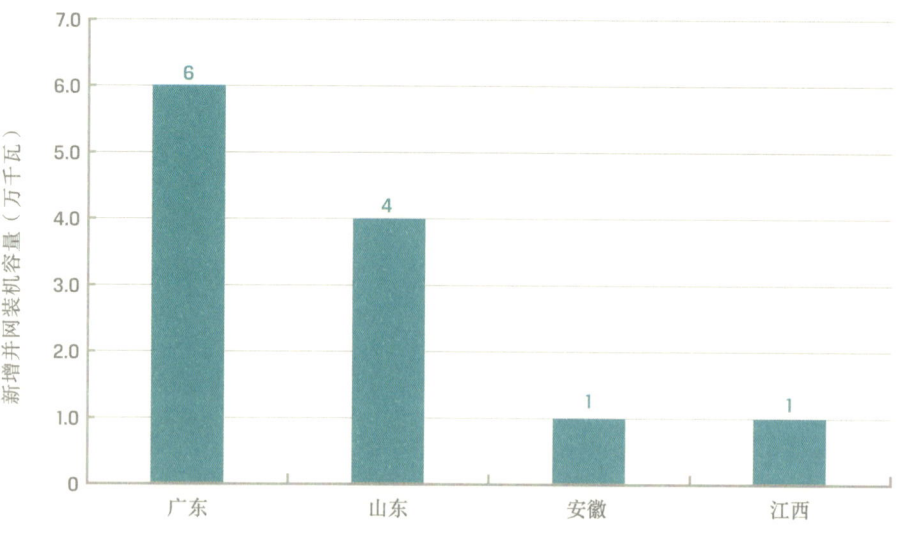

图 3-25 2022 年主要省份沼气发电新增并网装机容量情况

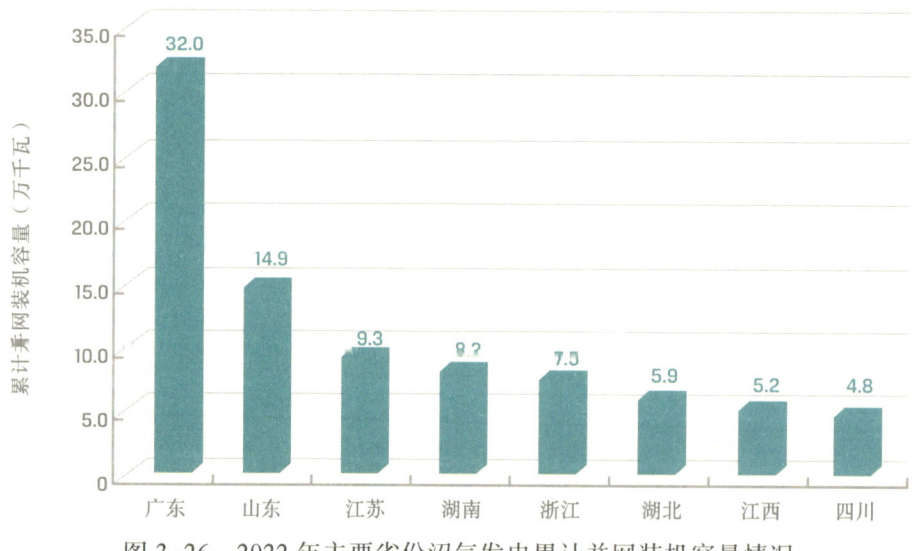

图 3-26 2022 年主要省份沼气发电累计并网装机容量情况

(2) 在建情况

沼气发电建设需求保持稳定。截至 2022 年底，全国沼气发电在建容量 12 万千瓦，由于沼气发电属于有机废弃物资源化配套工程，其建设需求总体保持稳定。其中，广东、重庆、北京沼气发电在建容量居全国前三位，三省（市）在建容量占全国沼气发电在建容量的 72.1%。截至 2022 年底沼气发电在建容量分布情况见图 3-27。

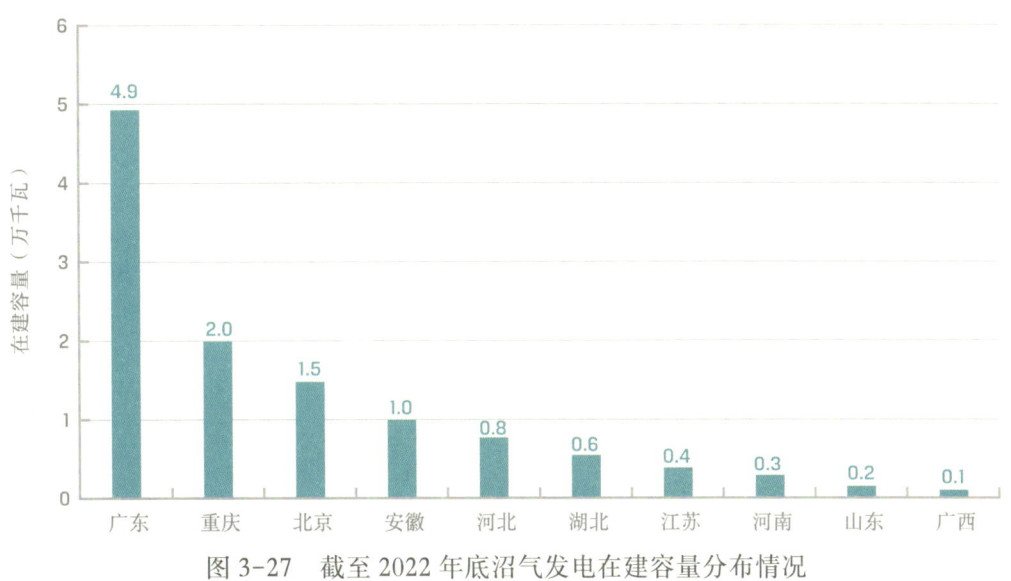

图 3-27　截至 2022 年底沼气发电在建容量分布情况

（3）运行情况

沼气发电年发电量小幅增长。2022 年，全国沼气发电年发电量 40 亿千瓦时，同比增长 5.4%。沼气年发电量在生物质总发电量中的占比自 2019 年起出现小幅下降，2022 年为 2.2%，较 2019 年降低 0.8 个百分点。2017—2022 年沼气发电年发电量变化情况见图 3-28。

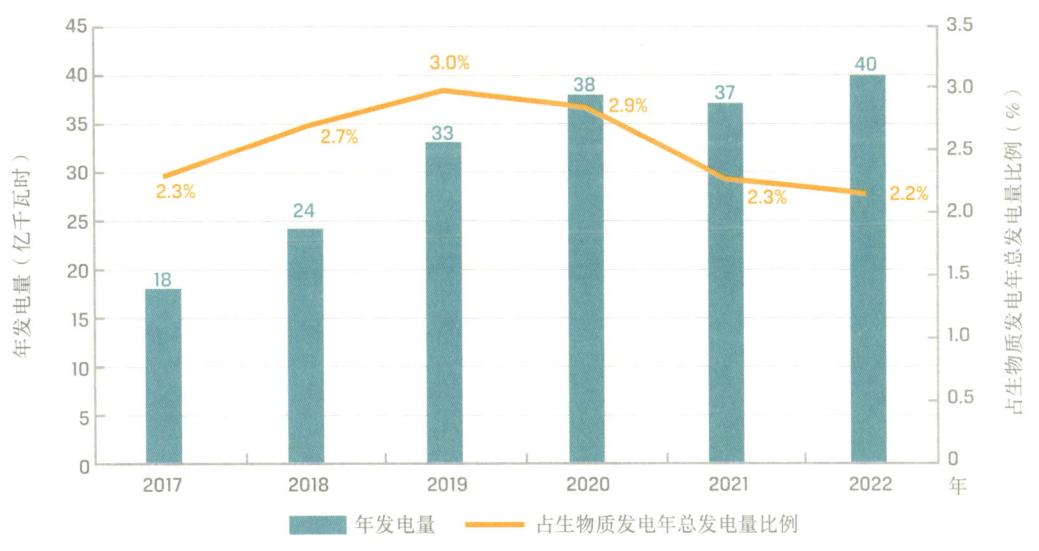

图 3-28　2017—2022 年沼气发电年发电量变化情况

沼气发电年平均利用小时数同比下降。2022年，受新冠肺炎疫情及项目并网时点等因素影响，全国沼气发电年平均利用小时数3233小时，同比下降133小时。分省（区、市）来看，天津、河南、吉林、山西、福建、湖南、广东、重庆和广西年平均利用小时数同比有所提升。

3.3 区域发展情况

1 总体概况

新增装机主要分布在南方、东北和华中区。2022年，南方、东北和华中区域生物质发电新增并网装机容量分别为104万千瓦、75万千瓦、74万千瓦，分别占全国新增装机并网容量的31.2%、22.5%、22.1%。华北、华东、西北地区生物质发电新增并网装机容量分别为37万千瓦、30万千瓦、14万千瓦，分别占全国新增并网装机的11.1%、8.8%、4.3%。

2021—2022年生物质发电新增并网装机区域分布情况见图3-29。

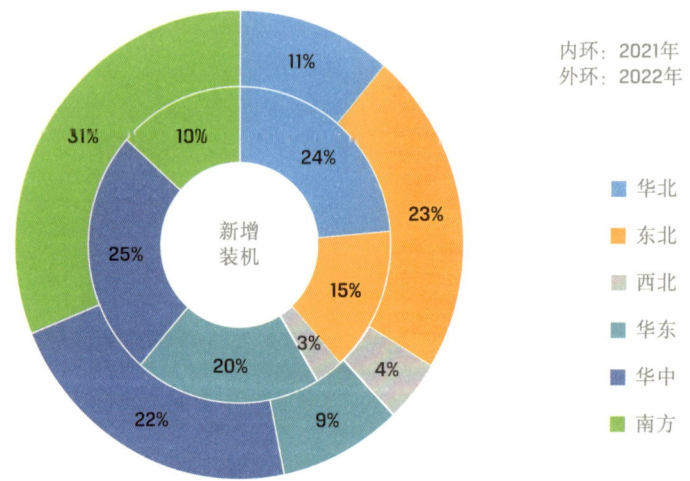

图3-29 2021—2022年生物质发电新增并网装机区域分布情况

截至2022年底，华东、南方、华北、华中四区域累计并网装机容量分别为998万千瓦、860万千瓦、822万千瓦、819万千瓦，合计占全国累计并网装机容量的84.7%。东北、西北区域次之，累计并网装机容量分别为511万千瓦、123万千瓦，合计占全国累计并网装机的15.3%。2021—2022年生物质发电累计并网装机区域分布情况见图3-30。

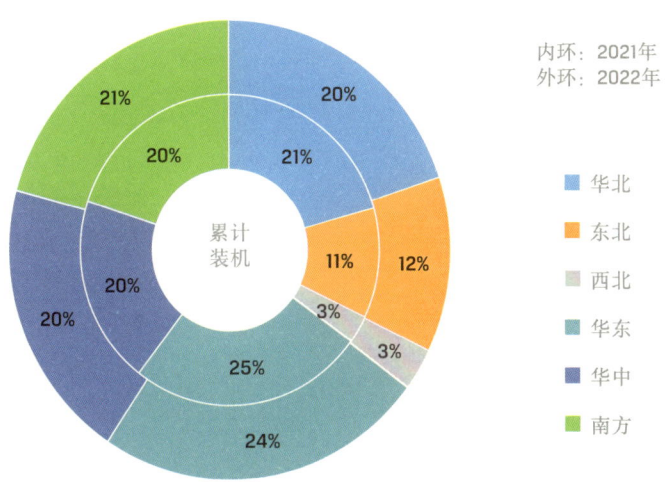

图 3-30　2021—2022 年生物质发电累计并网装机区域分布情况

不同类型生物质发电项目区域分布略有差异。2022 年，农林生物质发电新增并网装机主要集中在农林资源较为丰富的东北地区，新增并网装机容量 50 万千瓦，占全国新增并网装机容量的 73.0%；垃圾焚烧发电新增并网装机主要分布在南方、华中区域，新增并网装机容量分别为 95 万千瓦、82 万千瓦，合计新增并网装机占全国的 68.9%；沼气发电新增并网装机主要分布在南方、华北、华东区域，新增并网装机容量分别为 6.7 万千瓦、4.8 万千瓦、3.4 万千瓦。2022 年不同类型生物质发电新增并网装机区域分布情况见图 3-31。

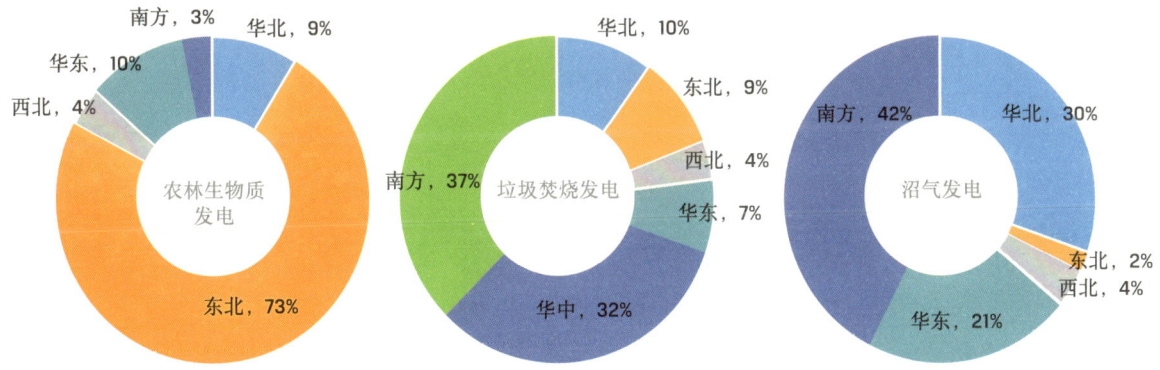

图 3-31　2022 年不同类型生物质发电新增并网装机区域分布情况

截至 2022 年底，农林生物质发电布局主要集中在东北、华北、南方区域，累计并网装机容量分别为 393 万千瓦、329 万千瓦和 306 万千瓦，合计并网装机占全国的 63.0%；垃圾焚烧发电布局主要集中在华东、南方、华中和华北区域，累计并网装机容量分别为 702 万千瓦、519 万千瓦、499 万千瓦、473 万千瓦，合计并网装机占全国的 91.9%；沼气发电布局主要集中在南方、华中和华东 3 个区域，累计并网装机容量分别为 35 万千瓦、30 万千瓦、27 万千瓦，合计并网装机占全国的 74.9%。2022 年不同类型生物质发电累计并网装机区域分布情况见图 3-32。

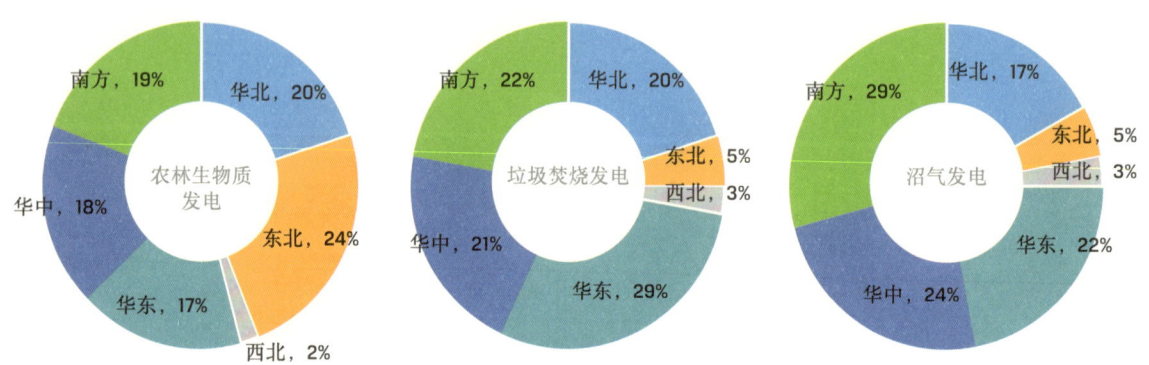

图 3-32　2022 年不同类型生物质发电累计并网装机区域分布情况

2　重点省份

分别选取广东、山东、黑龙江三省，分析其 2022 年生物质发电项目建设运行情况。其中，广东省生物质发电累计装机规模居全国首位，山东省垃圾焚烧发电和农林生物质发电装机规模均居全国前列，黑龙江省则是农林生物质发电新增并网容量最大的省份。

(1) 广东省

生物质发电新增装机和累计装机规模均居全国首位。广东为全国人口第一大省，经济发达，对城市生活垃圾处理需求较高。在政策有序引导下，全省垃圾焚烧发电和沼气发电都实现快速发展。2022 年，广东省生物质发电新增并网装机容量 45 万千瓦。其中，垃圾焚烧发电 39 万千瓦、沼气发电 6 万千瓦，分别占全国新增并网装机的 15.2%、53.4%，垃圾焚烧发电和沼气发电新增并网装机居全国首位。截至 2022 年底，广东省生物质发电累计并网装机容量 422 万千瓦。其中，农林生物质发电 50 万千瓦、垃圾焚烧发电 340 万千瓦、沼气发电 32 万千瓦，分别占全国累计并网装机的 3.1%、14.2%、26.2%，垃圾焚烧发电和沼气发电累计并网装机均居全国首位。2022 年广东省不同类型生物质发电装机占比情况见图 3-33。

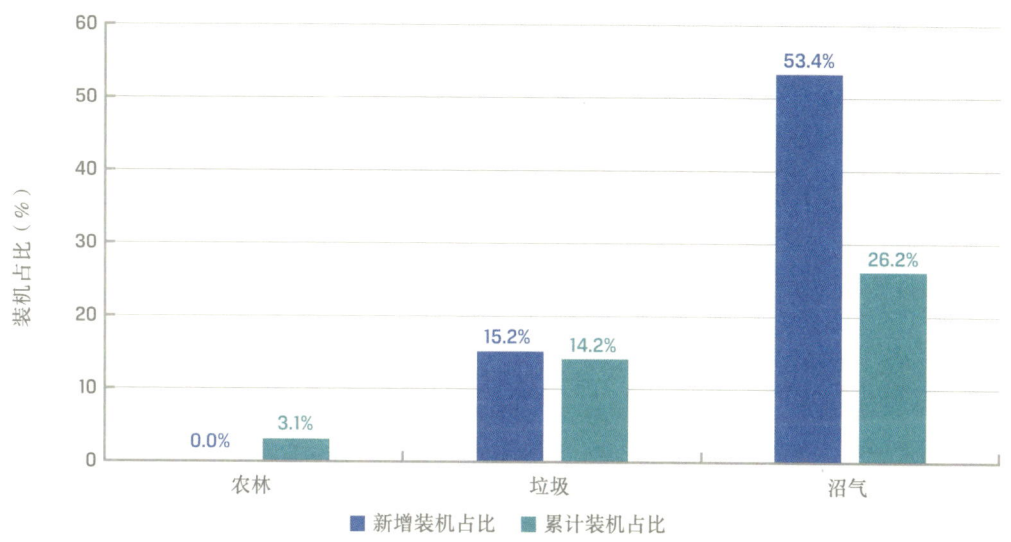

图 3-33　2022 年广东省不同类型生物质发电装机占比情况

（2）山东省

生物质发电累计并网装机规模仅次于广东省。山东既是经济、人口大省，也是农业大省，具有较好的生物质发电产业发展基础，山东省累计垃圾焚烧发电和农林生物质发电装机规模均居全国前列。2022 年，山东省生物质发电新增并网装机容量 15 万千瓦。其中，农林生物质发电 3 万千瓦，占全省生物质发电新增并网装机的 18.9%；垃圾焚烧发电 9 万千瓦，占比 56.0%；沼气发电 4 万千瓦，占全省生物质发电新增并网装机的 25.2%。截至 2022 年底，山东省生物质发电累计并网装机容量 411 万千瓦。其中，农林生物质发电 193 万千瓦，占全省生物质发电累计并网装机的 47.1%；垃圾焚烧发电 203 万千瓦，占比约 49.3%；沼气发电 15 万千瓦，占比约 3.6%。2022 年山东省不同类型生物质发电装机占比情况见图 3-34。

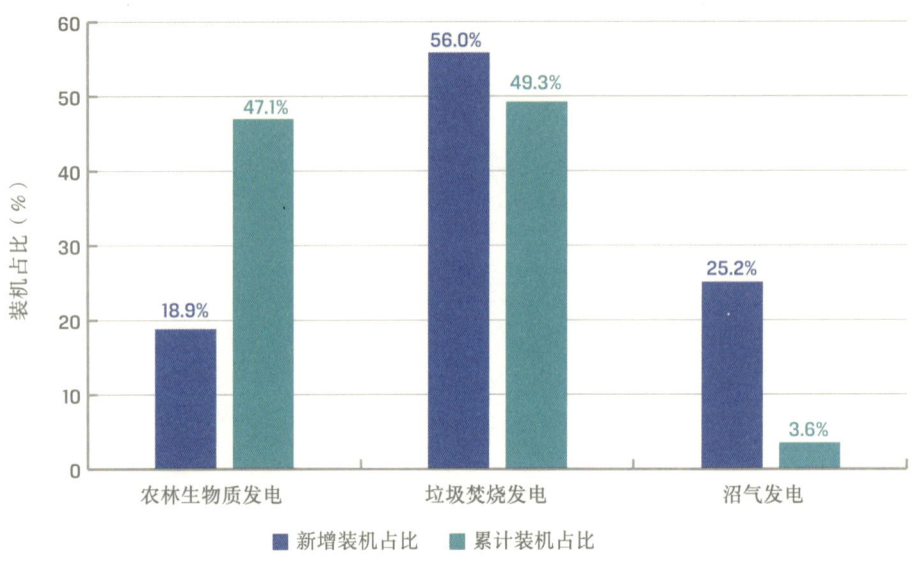

图 3-34　2022 年山东省不同类型生物质发电装机占比情况

(3) 黑龙江省

农林生物质发电新增并网装机居全国首位。黑龙江省是全国重要的粮食生产基地，农作物秸秆及林业加工剩余物资源丰富，生物质能源化利用条件优越。2022 年，黑龙江生物质发电新增并网装机容量 37 万千瓦，其中，农林生物质发电新增并网装机容量达到 27 万千瓦，占全省生物质发电新增并网装机的 73.7%，新增装机规模居全国首位。截至 2022 年底，黑龙江省生物质发电累计并网装机容量 260 万千瓦，其中，农林生物质发电 232 万千瓦，同比增长 13.4%。2022 年黑龙江省不同类型生物质发电装机占比情况见图 3-35。

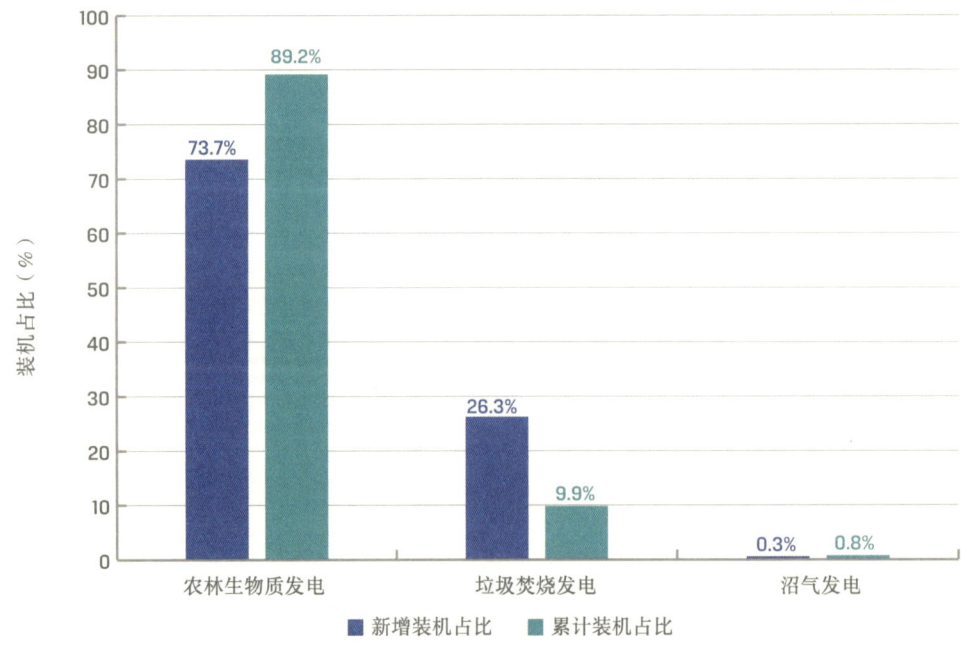

图 3-35　2022 年黑龙江省不同类型生物质发电装机占比情况

3.4 投资建设情况

1 投资建设

2022年生物质发电总投资580亿元，同比下降58.5%，主要是新增装机大幅减少所致。其中，农林生物质发电投资约113亿元，占总投资的19.5%；生活垃圾焚烧发电投资约452亿元，占总投资的77.9%；沼气发电投资约15亿元，占总投资的2.6%。

2 单位造价

2022年生物质发电单位造价较2021年有所下降，一是受新冠疫情及上游地产行业投资放缓等因素影响，2022年钢材、有色金属、水泥等主要工业生产资料价格同比有所回落；二是企业更加重视风险管理，投资更加谨慎，对工程造价的成本控制更加严格。

（1）农林生物质发电

农林生物质发电项目单位造价为8000~10000元/千瓦，热电联产项目考虑热网建设投资后有所增加。农林生物质发电项目建设成本主要由设备购置费、建筑工程费、安装费用及其他费用构成，其中设备购置费占42%、建筑工程费占24%、安装费用占16%、其他费用占18%。按照各组成系统划分，燃料供应系统占43%；其次为热力系统，占40%。农林生物质发电项目造价构成见图3-36。

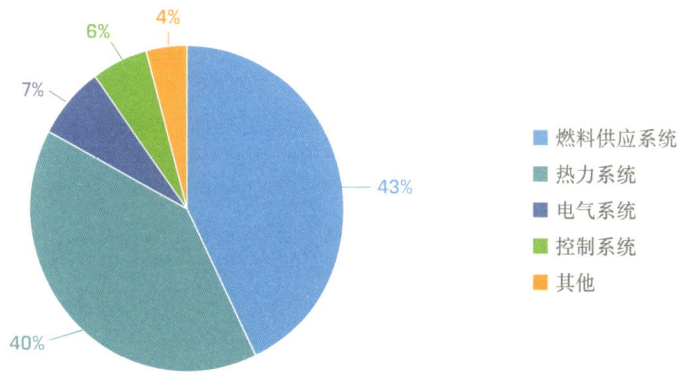

图3-36　农林生物质发电项目造价构成

(2) 生活垃圾焚烧发电

城市生活垃圾焚烧发电项目日吨垃圾处理造价约为 50 万元。在项目造价中，设备购置及安装费占比约为 45%；其次为建筑工程，占比约为 30%。按照各组成系统划分，余热利用系统和焚烧系统分别占 23% 和 22%；其次为电力系统和烟气处理系统，分别占 16% 和 12%。生活垃圾焚烧发电项目造价构成见图 3-37。

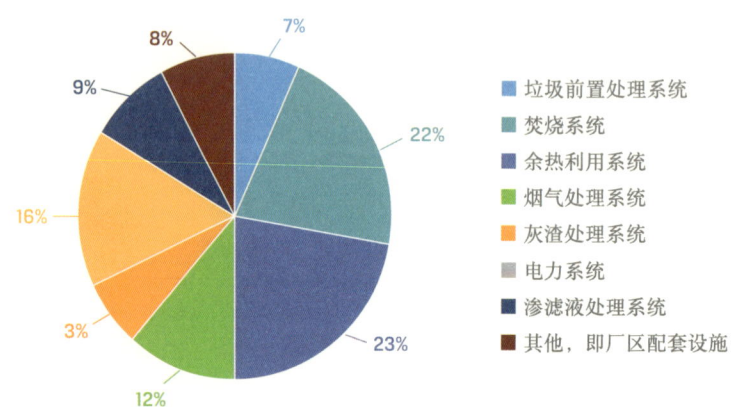

图 3-37 垃圾焚烧发电项目造价构成

(3) 沼气发电

沼气发电的建设成本主要包括建筑工程费、设备购置费、安装费用及其他费用，根据建设规模、建厂条件不同，单位建设成本会有所不同。由于沼气发电厂一般规模较小，投资相对较少，受主机品牌、场地条件等影响较大，沼气发电单位造价差异较大。目前，国内沼气发电单位建设成本在 8000~16000 元/千瓦。

4 技术装备篇
Technical Equipment

4.1 垃圾焚烧发电

垃圾焚烧生成的烟气具有较强的高温腐蚀特性，是制约我国垃圾焚烧发电蒸汽参数提升和整厂发电效率提高的主要因素。随着我国新材料产业的发展和技术进步，优质耐腐蚀材料应用于锅炉受热面，使锅炉寿命显著提高，中温次高压参数的应用显著增加，推动我国垃圾焚烧发电行业由中温中压、中温次高压参数向中温高压和超高压参数发展。

2022 年 6 月，广州市第七资源热力电厂二期工程 3 号次高温、超高压汽轮发电机组投产，3 号机组采用两台一次中间再热、单锅筒次高温超高压自然循环锅炉，该锅炉由广州环投集团自主设计开发，额定进汽压力 13 兆帕、进汽温度 485℃，额定负荷 50 兆瓦，为目前世界垃圾焚烧领域最高参数机组，该项技术设备的成功应用把我国垃圾焚烧余热锅炉技术推向世界最前沿。

4.2 农林生物质发电

循环流化床农林生物质直燃发电是我国农林生物质能源化利用的主要途径。近年来，生物质循环流化床锅炉技术日趋成熟，锅炉蒸汽参数不断提高，从 75 吨/小时中温中压、90 吨/小时高温次高压、130 吨/小时高温高压发展至 260 吨/小时高温超高压再热锅炉。

中国科学院工程热物理研究所与济南锅炉集团有限公司设计制造的 130 吨/小时超高压再热生物质直燃循环流化床锅炉（额定蒸发量 130 吨/小时，过热蒸汽压力 13.7 兆帕，过热蒸汽温度 540℃），首次在生物质锅炉上采用超高压、一次再热技术，锅炉效率达到 91.25%，机组发电效率从 27% 提到 37%，达到国际先进水平。

4.3 生物质气化耦合燃煤发电

生物质气化耦合燃煤发电是通过热化学处理过程把生物质转化为可燃气体，热化学处理过程在气化炉内完成。气化炉是生物质气化耦合燃煤发电的核心设备，主要包括流化床和固定床气化炉。我国已开发出以稻壳、玉米秸秆、果树枝等多种生物质为原料的固定床以及流化床气化炉炉型，成功覆盖了 1 兆瓦~10 兆瓦等级规模的气化发电系统。

技术装备篇
TECHNICAL EQUIPMENT

2019 年，我国首台 660 兆瓦超临界燃煤发电机组气化耦合 20 兆瓦生物质大唐长山热电厂示范项目试运行，项目采用生物质微正压循环流化床气化技术，填补了国内生物质微正压循环流化床气化技术空白，折算生物质发电功率达到 20 兆瓦，气化燃气热值 5551.5 千焦 / 千克，气化炉产气率 1.85 标准立方米 / 千克，气化效率 76.14%。2022 年，由合肥德博生物质能源科技有限公司牵头研制的"生物质循环流化床气化耦合燃煤发电技术装备"入围国家重大技术装备项目。该装备生物质最大处理量 8.61 吨 / 小时，设计原料为 50% 稻壳和 50% 秸秆压块及其他林业废弃物，折算生物质发电功率 10.8 兆瓦，气化炉气化效率为 70.53%，产气率 2.09 标准立方米 / 千克，热效率 87.61%，项目发电效率大于 35%，燃料年消耗量 5.14 万吨，年发电量 5458 万千瓦时。

5 形势与展望篇
Situation and Prospect

5.1 面临形势

1. 国补退坡倒逼行业加快转型升级

生物质发电行业形成之初，国家在税收及财政补贴方面给予政策性支持，极大促进了生物质发电行业的快速发展。伴随着生物质发电产业规模不断扩大，行业技术水平明显提高，为进一步提升项目运行管理水平，增强行业市场竞争力，近年来国家逐步调整生物质发电行业补贴政策，加快推动生物质发电行业市场化发展。

一是设定全生命周期补贴小时数。《关于促进非水可再生能源发电健康发展的若干意见》（财建〔2020〕4号）和《关于有关事项的补充通知》（财建〔2020〕426号），明确生物质发电项目的全生命周期合理利用小时数为82500小时，项目全生命周期补贴电量＝项目容量×项目全生命周期合理利用小时数，进而对生物质发电项目中央补贴权益进行了"确权"。二是通过竞争方式确定上网电价。《完善生物质发电项目建设运行的实施方案》（发改能源〔2020〕1421号）明确，自2021年1月1日起，规划内已核准未开工、新核准的生物质发电项目全部通过竞争方式配置并确定上网电价。三是补贴资金实行央地分担。《2021年生物质发电项目建设工作方案》（发改能源〔2021〕1190号）明确，2020年9月11日（含）以后全部机组并网项目的补贴资金实行央地分担，按东部、中部、西部和东北地区合理确定不同类型项目中央支持比例。

短期看，由于生物质发电具有较高的运营成本，特别是原料成本占运营成本的60%~70%，国家补贴退坡对生物质发电项目盈利产生一定负面影响，降低了企业投资开发积极性。长期看，国补退坡有望进一步刺激产业技术升级和盈利模式创新，同时倒逼地方政府加快建立完善生物质原料收储运体系和生活垃圾处理付费长效机制，促进行业健康可持续发展。

2. 垃圾焚烧发电行业区域发展不均

在国家产业政策的支持下，我国垃圾焚烧发电行业快速发展。2002—2021年，我国垃圾焚烧处理能力从10万吨/日增长到72万吨/日，年均增长11%；焚烧处理占比由16%提高到68%，年均增加 2.7 个百分点。以垃圾焚烧厂一年满负荷运行 8000 小时即 333 天计算，我国垃圾焚烧年处理能力可达 2.6 亿吨，总体上已经可以满足 2021 年 2.5 亿吨的生活垃圾清运量。

在我国垃圾焚烧处理能力"爆发式增长"的同时，区域发展不均的情况也愈加明显，总体呈现出东高西低的局面。2021 年，广东、山东、浙江、江苏的垃圾处理能力均超过 5 万吨／日，其中广东省处理能力接近 10 万吨／日，而宁夏、新疆、内蒙古、甘肃、黑龙江等省（区）垃圾焚烧处理能力发展较为滞后，日处理能力还不足 1 万吨。从垃圾焚烧清运比看，广东、浙江、江苏、山东、河北、安徽、江西、天津、贵州、海南 10 个省份的垃圾焚烧能力已经超过其垃圾清运总量，其中天津、浙江、河北、广东、安徽、海南焚烧清运比分别高达 181%、157%、130%、124%、123%、122%，相比之下山西、新疆、内蒙古、西藏、青海焚烧清运比均不到 50%。

从省会城市来看，除乌鲁木齐、拉萨、贵阳、西宁 4 个西部省会城市外，其余省会城市焚烧能力均已接近饱和。预计未来 5~10 年生活垃圾焚烧市场扩展将逐步放缓，新增项目向中西部地区转移，各省（区、市）新增焚烧项目将更多下沉至中小城市及规模更小的县域地区。

3 行业政策环境不断优化

生物质能除了与水电、光伏发电、风电同属于可再生清洁能源外，还具有环保、民生属性，承载着助力乡村振兴、应对气候变化、改善农村人居环境、推进农村能源革命等方面的重任。近年来，国家陆续出台多项政策，支持生物质能行业发展。

一是完善生物质资源收储运体系。《关于印发加快农村能源转型发展助力乡村振兴的实施意见的通知》（国能发规划〔2021〕66 号）提出，创新农村生物质资源收储运体系，在农林生物质资源丰富的县域，探索农田托管服务和合作社秸秆收集模式，或以村为单元建设农林废弃物收集站，由专业化企业建设规模化生物质能开发项目，就近满足乡镇生产生活用能需求。二是创新农村生物质能开发利用机制。《关于完善能源绿色低碳转型体制机制和政策措施的意见》（发改能源〔2022〕206 号）提出，在农村地区优先支持屋顶分布式光伏发电以及沼气发电等生物质能发电接入电网，电网企业等应当优先收购其发电量。完善规模化沼气、生物天然气、成型燃料等生物质能和地热能开发利用扶持政策和保障机制。三是加强规划对行业的引导。国家发布《"十四五"现代能源体系规划》《"十四五"可再生能源发展规划》，提出优化生物质发电开发布局，稳步发展城镇生活垃圾焚烧发电，有序发展农林生物质发电和沼气发电；有序发展生物质热电联产，因地制宜加快生物质发电向热电联产转型升级，为具备资源条件的县城、人口集中的乡村居民供暖，为中小工业园区集中供热。四是继续加强财税政策支持。国家税务总局发布《支持乡村振兴税费优惠政策指引》，继续对农林生物质发电项目增值税实行即征即退，沼气综合开发利用、生活垃圾焚烧发电项目享受企业所得税"三免三减半"。

随着"双碳"战略和乡村振兴战略的有力实施，生物质能所具有的环境、民生属性将进一步得到体现，期待有更多的优惠政策出台，推动生物质发电行业健康持续发展。

5.2　发展展望

1　各地因需施策推动行业发展

随着生物质发电行业国补退坡，各地将结合本地实际情况，因地制宜、因地施策推动生物质能行业发展。

上海、广东、浙江、江苏、福建等沿海发达省份，因其庞大的经济和工业体系，具有广泛的工业热负荷需求，农林生物质发电将以热电联产模式为主，生活垃圾焚烧发电布局将向县域延伸，基本实现生活垃圾焚烧处理能力全覆盖。

山东、河南、河北、黑龙江、吉林等农业主产区，将在生物质原料收储运、秸秆加工用电价格、地方上网电价补贴等方面，创造有利于农林生物质发电发展的政策环境。垃圾焚烧发电将推广园区化建设模式，推动生活垃圾与农林废弃物、污泥等固体废物协同处置，产业布局向三、四线城市延伸。

中西部等人口密度较低的欠发达地区，重点提升二、三线城市垃圾焚烧处理能力和发展质量；不具备建设垃圾焚烧处理设施条件的县级地区，应通过填埋等手段实现生活垃圾无害化处理。

2 垃圾焚烧发电布局向县域集中

在政策支持和实际需求的驱动下，我国垃圾焚烧发电规模得到了快速扩大，中小城市的垃圾焚烧发电市场已趋于饱和。相比而言，我国县域地区垃圾处理市场缺口较大，截至2021年底，我国县城数量1482个，1225个县城没有建设垃圾焚烧厂。随着乡村振兴战略的稳步推进，县域地区将成为下一步我国垃圾焚烧发电建设的主战场。

《关于加强县级地区生活垃圾焚烧处理设施建设的指导意见》（发改环资〔2022〕1746号）明确了推进城镇生活垃圾焚烧处理设施建设。到2025年，全国县级地区基本形成与经济社会发展相适应的生活垃圾分类和处理体系，京津冀及周边、长三角、粤港澳大湾区、国家生态文明试验区具备条件的县级地区基本实现生活垃圾焚烧处理能力全覆盖。长江经济带、黄河流域、生活垃圾分类重点城市以及其他地区具备条件的县级地区，应建尽建生活垃圾焚烧处理设施。

考虑到县域经济发展落后，大部分县级地区生活垃圾清运量小，不具备建设规模化垃圾焚烧处理设施的条件，"十四五"期间，我国县域地区将结合生活垃圾产生量、清运量及预期变化等情况，采取单独建设和与邻近地区跨区域共建共享两种方式布局县域垃圾焚烧发电项目，同时积极推动小型垃圾焚烧装备技术研发攻关，有效降低小型垃圾焚烧发电项目运维成本。

3 环保价值将有更多实现途径

在双碳战略和乡村振兴战略实施的大背景下，生物质能源与绿色低碳、生态环保产业的融合将更加紧密，减污降碳动能持续增强，生物质能源的生态环境价值将会有更多实现途径。

一是有望享受绿电溢价带来的收入增益。《关于进一步做好新增可再生能源消费不纳入能源消费总量控制有关工作的通知》明确，绿证作为可再生能源电力消费量认定的基本凭证，其核发范围覆盖生物质发电等所有可再生能源发电项目。因此，生物质发电企业有望乘着政策的东风，更加直接、便捷地享受到绿电溢价带来的收入增益。

二是加强碳资产管理，提高项目经济效益。2021年全国碳排放权交易市场正式开市，预计2023年颁布修订后的CCER办法并重启CCER项目签发备案。按常规30兆瓦建设规模、年运行时间6000小时、年总发电量180000兆瓦时、年上网售电量160200兆瓦时，计算出农林生物质发电项目年减排量为132660吨二氧化碳当量，按照2022年CCER平均成交价格50元/吨计算，年收入为663万元。随着全国碳市场的逐步开放、扩容和碳达峰后配额的逐步收紧，未来CCER的价格会持续上涨。

三是利用金融政策红利降低企业资金成本。2021年，人民银行发布《人民银行推出碳减排支持工具》，提出通过"先贷后借"的直达机制，对金融机构向碳减排重点领域内相关企业发放的符合条件的碳减排贷款，按贷款本金的60%提供资金支持，利率为1.75%。生物质发电企业可以充分利用政策红利降低项目建设成本和投产运营后的财务成本，提高项目的经济效益。

声 明

本报告内容未经许可，任何单位或个人不得以任何形式复制、转载。

本报告相关内容、数据及观点仅供参考，不作为投资等的决策依据，报告编委会不对因使用本报告内容导致的损失承担任何责任。

如无特别注明，本报告各项中国统计数据不包括香港特别行政区、澳门特别行政区和台湾省的数据。部分数据因四舍五入的原因，存在总计与分项合计不等的情况。

本报告部分数据及图片引自国家发展改革委能源研究所、国际可再生能源署（IRENA）等单位发布或提供的资料，在此一并声明并致谢！